浅谈
高校教务管理

徐　正　著

QIANTAN

GAOXIAO

JIAOWU

GUANLI

知识产权出版社
全国百佳图书出版单位
—北京—

图书在版编目（CIP）数据

浅谈高校教务管理 / 徐正著 . — 北京：知识产权出版社，2024.12. — ISBN 978-7-5130-9604-1

Ⅰ. G647.3

中国国家版本馆 CIP 数据核字第 2024HJ7834 号

内容提要

本书分为教学计划管理、教学运行管理、教学质量管理与评价、教学基本建设管理四章，从人才培养的战略格局、课堂教学环节组织管理、大学生创新创业训练计划项目管理、实验室建设与管理、课程学习质量管理、学风建设与学业预警管理、毕业论文（设计）质量管理、融通专业建设、融通课程建设、教材体系建设、信息化建设等多个维度，以微观的视角深入探讨当下高校教务管理工作中存在的问题以及相应的解决策略。

本书适用于高等教育领域人员，也适用于高校教务管理人员、教育工作者、教育研究者等。

责任编辑：郑涵语　　　　**责任印制**：孙婷婷

浅谈高校教务管理

QIANTAN GAOXIAO JIAOWU GUANLI

徐　正　著

出版发行：知识产权出版社有限责任公司	**网　　址**：http：//www.ipph.cn
	http：//www.laichushu.com
电　　话：010-82004826	
社　　址：北京市海淀区气象路 50 号院	**邮　　编**：100081
责编电话：010-82000860 转 8569	**责编邮箱**：laichushu@cnipr.com
发行电话：010-82000860 转 8101	**发行传真**：010-82000893
印　　刷：北京中献拓方科技发展有限公司	**经　　销**：新华书店、各大网上书店及相关专业书店
开　　本：720mm × 1000mm　1/16	**印　　张**：10
版　　次：2024 年 12 月第 1 版	**印　　次**：2024 年 12 月第 1 次印刷
字　　数：130 千字	**定　　价**：58.00 元

ISBN 978-7-5130-9604-1

目　录

绪论　高等教育新形势与我们的任务

党的二十大报告首次对教育、科技、人才进行“三位一体”统筹安排、一体部署，更加突出了教育、科技、人才是全面建设社会主义现代化国家的基础性、战略性支撑。同时，党的二十大报告对中国式现代化进行了全面、深入、系统的阐释，中国式现代化是新时代的国家命题，必须深刻把握其主要特征和核心要义，既要有国际可比性，也要有中国制度特色、文化特点和价值特性。高等教育作为科技第一生产力、人才第一资源、创新第一动力的重要结合点，要在实现中国式现代化的历史进程中发挥龙头作用。高等教育发展的高度在某种程度上代表和决定着国家发展的高度，因此在中国式现代化建设的总体格局中，核心是创新，关键是人才，根本在教育。以高质量的高等教育支撑中国式现代化建设，既是高等教育改革发展的方向，也是党的二十大赋予高等教育的新使命。在2023年的全国“两会”上，时任国务院总理李克强在《政府工作报告》中指出，“促进教育公平和质量提升”。“深入实施‘强基计划’和基础学科拔尖人才培养计划”。高校是国家培养高层次人才的主要阵地，理应在加快国家战略人才建设中发挥更加重要的作用。我们要主动对标全面建设社会主义现代化国家的部署要求，紧扣区域经济社会发展实际需求，培养造就更多领军人才和青年人才，为中国式现代化建设提供强有力的人才支撑。

2021年习近平总书记在考察清华大学时强调，我国高等教育要立足中华民族伟大复兴战略全局和世界百年未有之大变局，心怀“国之大者”，把握大势，敢于担当，善于作为，为服务国家富强、民族复兴、人民幸福贡献力量。习近平总书记在2022年考察中国人民大学时强调，“为谁培养人、培养什么人、怎样培养人”始终是教育的根本问题。当前，中国高等教育的在学人数、在学人数增长率均位居世界第一位，已经形成以“四新”建设、创新创业教育、高等教育数字化、基础学科拔尖人才培养为代表的人才培养中国范式。但是仍然面临着空间布局不够合理、区域高等教育协调发展形势严峻、高质量高等教育供给体系尚未形成、人才培养模式需再塑造、人才培养质量需再提升等问题。

面对新形势新要求，首先，高校要深入学习领会党的二十大精神，锚定教育强国、科技强国、人才强国战略目标，以高质量发展为主线，不断出实招、务实功、求实效。高校要将党的二十大报告提出的新思想、新战略、新要求与学校本科教育教学工作结合起来，把握好习近平新时代中国特色社会主义思想的世界观和方法论，按照“六个必须坚持”的立场观点方法，坚持创新主导，深化人才培养机制的改革，落实全国教育大会精神，以全面提高人才自主培养质量为重点，着力发展支撑引领国家战略实施的高等教育。其次，高校应落实区域战略发展重大决定，着力构建精神高地，为发展新质生产力培养国家创新人才，为构建全国新发展格局先行区凝心聚力。

新时代新形势赋予高校教学管理工作者全新的使命。教育工作者应以守正创新、踔厉奋发的切实行动，用心用力、精准精细地做好本科教育教学的各项工作。同时，要把国家经济社会发展的战略需求融入人才培养的整体布局当中，全力以赴地培养出能够担当民族复兴大任的时代新人。

本书尝试以《高等学校教学管理要点》（教高司〔1998〕33号）中有关教学管理的分类作为架构的起始点，在广泛查阅相关文献和开展分析研究的基础上，结合笔者工作单位——中南财经政法大学实际情况，简要谈谈笔者在高校教育管理工作中的一些浅显经验和认识，以供同人相互交流学习。本书共分为教学计划管理、教学运行管理、教学质量管理与评价、教学基本建设管理四章，从人才培养的战略格局、课堂教学环节组织管理、大学生创新创业训练计划项目管理、实验室建设与管理、课程学习质量管理、学风建设与学业预警管理、毕业论文（设计）质量管理、融通专业建设、融通课程建设、教材体系建设、信息化建设等多个维度，以微观的视角深入探讨当下工作中存在的问题及相应的解决策略。

第一章　教学计划管理

教学计划是高校保证教学质量和人才培养规格的重要文件，是组织教学过程、安排教学任务、确定教学编制的基本依据。高校可以组织专家自主制订教学计划，但要注意制订的教学计划既要符合教学规律，保持一定的稳定性，又要不断根据社会、经济和科学技术的发展，适时地进行调整和修订。

培养目标是制订教学计划的前提条件，须综合高校实际，体现对学生德、智、体、美、劳等方面的全面要求，体现不同层次、不同学校的培养特色。

第一节　构建什么样的人才培养格局

综合高等教育新形势与高校的时代任务，在深刻认识我国当前高等教育发展规律和高校应尽之责基础上，高校可以设定"'四化同步''五育并举'，全面提高人才自主培养质量，着力造就拔尖创新人才"的本科发展战略目标。

"四化同步"[1]即中国化、融通化、数字化和国际化统筹推进、总体布局。其中，中国化是根本，关系到人才培养的政治方向和人才自主培养能力的高低；融通化是特色，关系到学校人才培养可持续发展之路能走多远；数字化是标准，关系到高等教育教学能否顺应数字时代潮流，顺利实现转型；国际

[1] 作者自己提出的观点。

化是必然，关系到中国教育的国际影响力和推动人类命运共同体的构建。“五育并举”是中国化的重要组成部分，即重视并实施德育、智育、体育、美育和劳育，促进学生的全面发展。

简言之，“四化同步”是本科人才培养的总体纲领，“五育并举”是实现这一总体纲领的具体路径，二者协调发展，致力于提高本科人才自主培养质量，造就拔尖创新人才。

第二节 怎样构建人才培养格局

“四化同步”“五育并举”人才培养大方向已定，那么怎样才能组织好、实施好、践行好这个育人理念？这就要求教学管理者锚定目标不放松，持之以恒抓落实，制订详尽的工作方略，全过程、全方位、全员保障运行。

一、擦亮中国化人才培养底色

中国化是根本，办好教育的目的是自主培养人才和发挥德、智、体、美、劳协同育人效果。

一是提高人才自主培养能力。坚持扎根中国大地办教育，全面贯彻党的教育方针，坚持社会主义办学方向，牢记“国之大者”，胸怀“两个大局”；全面落实“以本为本、四个回归”，全面振兴本科教育，巩固一流本科教育在学校“双一流”建设中的基础地位，形成齐心构建一流本科教育体系的思想自觉和行动自觉，落实立德树人根本任务，在系统谋划和推动教育高质量发展上干实事、求实效，以高质量发展全面服务支撑中国式现代化。具体到学校人才培养工作，就是要在育人链条、领域布局、育人主体和推进方式上协调发展，打造中国范式。紧盯国家发展全局和服务全国、构建新发展格局先行区等重大战略，完善人才培养、评价、保障等机制，突出拔尖创新人才培养优势，通过人才培养模式改革、优化专业学科布局、丰富优势资源供给、加强师资队伍建设等，为党育人，为国育才，努力培养具有家国情怀、国际视野和创新能力，能担当中华民族伟大复兴大任的新时代一流人才。

二是坚持德、智、体、美、劳“五育并举”人才培养理念。发挥德育先导作用，以立德树人成效作为检验学校一切工作的根本标准，推进立德树人机制建设，培养学生成为有素养的现代文明人，并着力培养堪当民族复兴大任的时代新人。深化课程思政建设，推进党的二十大精神进课堂、进教材、进头脑，深入挖掘各类课程蕴含的思想政治教育资源。发挥智育主阵地作用，以学生的学习获得感作为工作的出发点和落脚点，丰富优质教学资源供给，加大主干学科“金课”建设力度，构建全景式“金课群”。重视教材建设，出台教材建设规划，召开教材建设工作推进会，继续抓好首批中国经济学教材编写、试教试用和出版，组织教育部第二批中国经济学教材和首批中国法学、中国新闻学系列教材申报工作，通过自由申报和有组织编写相结合，鼓励和组织“大先生”参与教材建设，努力打造精品教材，为构建中国自主知识体系贡献智慧。推动专业结构的适应性调整、前瞻性布局、结构性变革，着力造就拔尖创新人才。在学校层面，着力建设“高地”，继续跟进基础学科拔尖学生培养基地建设，重点抓好经济学拔尖学生培养计划和卓越法治人才培养计划。在学院层面，鼓励新增一批符合学科教育教学规律、专业知识深度融合的拔尖创新实验班、双学位实验班、微专业、微课程等特色项目，探索推出本硕贯通培养模式，实现高考一次招生和校内二次选拔，提高生源质量；开设暑期小课堂，聘请国内外高水平师资讲授符合“两性一度”的高质量课程，提升拔尖创新人才的培养质量。发挥体育、美育、劳育强根基作用，以强体魄为目标，探索形成积极健康的体育文化，健全体育考核评价体系；完善美育课程体系，开齐、开足美育课程，丰富课程内容，凝练特色，打造美育品牌；将劳动育人纳入学校人才培养整体规划，构建劳动实践育人体系，打造特色劳动实践项目。

二、突出融通化人才培养特色

融通化是人才培养特色，要充分利用学校优势学科与专业打造交叉融通、跨学科培养的模式。

一是构建特色鲜明的融通教育体系。强化顶层设计，发布《财经政法深度融通本科人才培养行动指南》，围绕培养“懂经济、通法律、善管理”的一流人才培养目标，做实做好融通人才培养的谋篇布局。强化通识教育与专业教育融通，科学制订本科专业人才培养方案，不断开发新课程，将更多的专业教育内容纳入通识教育范畴中来；强化理论教育与实践教育融通，既通过加强课堂教学夯实学生的理论基础，又通过丰富的社会实践和系统的创新训练，加强学生知识的学习与应用，将学生创新实践能力的培养作为主线贯穿教育教学全过程。

二是将融通理念贯穿学院、专业、课程、教材、师资、资源平台“六位一体”的基础性建设全过程。打造一批“专业融通 + 产教融合 + 项目驱动”人才培养模式下的融通型学院；立足学校优势学科，以“数字智能”为引领，不断打破学科专业壁垒，加大交叉学科专业合理布局，加强文文结合、深化文工渗透，在现有经济与金融、数字经济、知识产权等专业基础上增设更多财经政法深度融通的代表性交叉专业；实施融通型“金课”建设，强化课程的高阶性、创新性和挑战性，积极开展跨院、跨校合作，建设一批主干学科深度交叉渗透的融通课程；以“重质量、出精品”为原则，联合学科领域知名专家出版一批契合“新文科”“新工科”建设等新时代需求、符合学校特色学科和专业发展的“金”教材；大力培养领军人才、学术带头人、青年杰出人才和骨干教师，努力打造一支师德高尚、业务精湛、结构合理、充满活力的融通型教师队伍；加快资源平台建设，通过与同城兄弟院校互开课程深化校际合作，丰富教学资源；通过校企开展产学合作协同育人、大创项目等，全面提高学生综合素养和创新能力。未来，学校将以财经政法深度融通为核心导向，开展上述教育教学基础性建设，并在各类项目的立项和经费资助中予以倾斜。

三、推动数字化人才培养变革

2023 年 2 月 13 日至 14 日，世界数字教育大会在北京召开，会上中国发布了《中国智慧教育蓝皮书（2022）》，标志着我国高等教育正式进入数字教育时代。各高校要积极跟进，把握好发展态势。

一是推进教育数字化战略行动。以数字化赋能学校本科人才培养，是顺应数字时代潮流、抢占未来发展制高点的必然选择，更是体现“以生为本”，增强学生学习积极性和主动性的必然要求。中国教育技术协会理事长杨宗凯教授提出，要实现数字化转型，三分在技术，七分靠管理。我们要抢抓机遇、创新思路，加快开展学校教育数字化战略顶层设计，推进“数字环境强基、数字资源整合、数字治理优化、数字服务保障、数字能力提升、数字安全筑牢”六大行动，不断强化师生数字意识、数字思维和数字能力。

二是探索教育数字化提升新路径。强化数字化基础设施建设，完善以数据创新为驱动、通信网络为基础、数据算力设施为核心的基础设施体系建设，树立以服务师生为中心的理念，推进教务系统及相关配套设施升级转换；强化数字化资源供给能力，以数字化引领教育教学改革，上线一批优秀慕课与虚拟仿真实验课程，加快各类数字化教学资源建设，推动优质资源共享与应用，持续深化信息技术与教育教学深度融合；强化数字化场景应用能力，探索通过全息影像、虚拟现实、元宇宙数字技术的赋能，为学生呈现更加智能、科学、个性的教学场景。支持虚拟教研室建设，实现高效率教研协同、高质量资源共享、高水平教学服务；提升数字化数据治理能力，坚持制定统一资源、服务和管理标准，实现数据互联互通、协同融合，推动学校治理能力、水平、效能和师生便捷度、满意度、获得感全面提升。

四、提升国际化人才培养格局

人才的国际化重在能力和素质的国际化，要主动谋划蓝图，确立学校国际化人才培养方向，推进国际化发展理念系统变革。习近平总书记在全国教育大会上强调，要深入推动教育对外开放，统筹“引进来”和“走出去”，不断提升我国教育的国际影响力、竞争力和话语权。扩大国际学术交流和教育科研合作，积极参与全球教育治理，为推动全球教育事业发展贡献更多中国力量。

一是明确国际化人才培养目标。要立足各学院特色，推进专业国际化分类发展；强化学科优势，加强国际化课程建设和学术研究；积极引育师资，增强学校国际化软实力；充分调动校内外资源，扎实跟进国际化人才培养目标。

二是提升国际化人才培养能力。以国际认证理念驱动国际化人才培养能力，立足本土实践，将国际认证标准的“闭环”思维和“底线”思维与财经政法优势相结合，构建与国际接轨的培养方案，升级国际化课程体系，为学生提供国际化的高效学习平台，丰富第二课堂、第三课堂中的国际化元素，开展跨文化交流活动，赋予“三全育人”国际化亮色，逐渐形成具有学校特色的国际化人才培养模式。强化国际化师资队伍保障，进一步为中青年教师出国研究提供制度保障，搭建国际化平台，培养活跃在国际学术前沿、具有较高专业知识和较强教学能力，结构合理、素质优良的专业化、国际化师资队伍和管理团队；将“走出去”与“引进来”相结合，实现国际化师资引得进、留得住、用得好，不断优化学校师资结构，为国际化人才培养奠定坚实的机制保障。

中国化、融通化、数字化、国际化协同发力，共同推进人才培养高质量发展，关键是要加强新时代人才培养质量文化建设。要将思想、制度、行动等不同层次的质量文化统一起来，营造心往一处想、劲往一处使的良好氛围，形成全员育人、全过程育人、全方位育人的校园育人文化。全校师生要树立质量第一的意识，把人才培养质量看作学校的生命线，将质量意识、质量标准、质量评价、质量管理落实到教育教学各环节，并逐步内化为师生共同的价值追求，外化为师生自觉的现实行动。

第三节　构建人才培养格局的方法论

党的二十大报告擘画了中华民族伟大复兴新征程的光明图景，发出了激荡人心的时代强音。在全面建设社会主义现代化强国、实现第二个百年奋斗目标的新征程上，作为高校教育工作者，必须以党的二十大精神为指引，牢记为党育人、为国育才的初心使命，坚持用习近平新时代中国特色社会主义思想铸魂育人，全面贯彻党的教育方针，继续坚持高质量发展，不断提高人才自主培养质量，加强高等教育对经济社会发展的支撑引领，为实现中国式教育现代化贡献绵薄之力。

立足新阶段，完善以立德树人为根本的人才培养体系。要以习近平新时代中国特色社会主义思想为指导，时刻把“培养什么人、怎样培养人、为谁培养人”作为高等教育的根本问题。着眼全面提高人才培养质量这一目标，突出一流导向的发展理念，深化融通导向的人才培养特色，优化内涵导向的专业建设，构建目标导向的课程体系，打造精品导向的教材体系，深化创新导向的教育教学改革，推动科学导向的师生评价改革，加强质量导向的教学研究，深化开放导向的国际合作，提升效率导向的教学管理水平，进一步健全一流本科人才教育教学体系，着力造就拔尖创新人才。

深化新融通，突出以财经政法融通为重点的人才培养特色。融通特色是中南财经政法大学的立身之本，也是建设“双一流”的强大支撑。要深化教育教学模式改革和人才培养模式改革，鼓励、引导、保障打破专业界限，培养多学科背景、深化融通特色的一流人才。持续推进实施“财经政法深度融通一流人才培养计划”4.0，以横向融合、纵向交叉形式大力推进复合型人才培养。要深化新文科人才培养改革，强化理论教学与实践教学的结合，完善协同育人机制，加强实践平台建设，推进学思结合、理实契合，促进资源共享、协同育人。通过构建财经政法深度融通的人才培养体系，形成具备全球竞争力的融通性、创新型和开放式的人才培养特色。

提高新质量，构建以质量保障为导向的教育评价体系。要树牢“自觉、自省、自律、自查、自纠”的质量文化理念，不断强化质量保障主体意识，完善优化内部教学质量保障机制；要大力推动以本科教学质量报告、学院本科教学状态评估、专业评估、课程评价、教师评价、学生评价为主体的全链条、多维度教学质量保障评价体系的建设；要不断完善“标准—执行—监控—评估—反馈—提高”闭环的动态监测，定期评估与专项督导等相结合的持续改进机制。站在新的历史起点，高校要坚持以高质量为主线，牢牢抓住“质量”这个纲、“教”这个核心、“学”这个根本、“创”这个关键，着力转变观念、守正创新、攻坚克难，谋划本科教育新篇章，推进教育现代化，努力办好人民更加满意的本科教育。

第二章　教学运行管理

在教学管理中，教学运行管理是按教学计划对实施教学活动的最核心、最重要的管理，包括以教师为主导、以学生为主体、师生相互配合的教学过程的组织管理和以校、系（院）教学管理部门为主体进行的教学行政管理。其基本点是全校协同，上下协调，严格执行教学规范和各项制度，保持教学工作稳定运行，保证教学质量逐步提高。

在教学运行管理当中，课堂教学环节的组织管理属于教学运行的核心，是高校进行知识传授的主要阵地。学生科学研究训练乃是培养学生创新意识、夯实学生科研基础、提高学生科研能力的重要途径，因此如何科学、有效地组织学生开展学术研究，同样是教学运行管理的重要环节。教学资源是顺利开展教学运行工作的前提条件，除保障正常教学运行的教室管理之外，实验室肩负着学生实践教学、实现学以致用及知行合一的功能，因此实验室管理在教学运行管理中也显得格外重要。

第一节　课堂教学环节组织管理

一、课堂教学环节组织管理的内涵与重要性

（一）课堂教学环节组织管理的内涵

高校课堂教学环节组织管理是指高校根据人才培养目标和教学计划，对

教学过程中的各个环节进行组织、协调、监督和控制的活动。它主要包含培养方案制订、教学安排、考试安排、成绩管理等常规业务流程管理，以及必不可少的学生学籍、教学资源、教务系统等相关辅助工作。课堂教学环节组织管理的重点环节在于对学生人才培养方案的制订与管理，对教育资源的利用与整合，对工作流程的建立与规范。具体而言就是如何对教学安排进行细致的组织，确保教学计划的全面性和准确性；在教室资源与授课时间点的合理分配上进行课程安排，以及制定科学的学生选课流程。通过这些措施确保教师能授好课，学生能学好知识。

（二）课堂教学环节组织管理的重要性

课堂教学环节组织管理直接影响着教学质量和人才培养质量，是高校教学管理的中心环节。教学质量管理与教学环节组织管理在本质上存在显著差异：前者侧重于教学成果的评估与管理，后者则侧重于教学过程的规划与执行。教学成果的实现依赖于过程的严谨性和创新性。教学环节组织管理的核心在于确保教学过程的科学性、系统性，并在此基础上追求过程的增值效应，通过精心设计和执行教学过程，可以确保教学效果的稳定性和最优化。❶

首先，高效的课堂教学环节组织管理能够确保教学秩序的稳定。教学规范性是教学质量的底线和根本保障，授课教师要在教学方法、教学手段、教学内容上下功夫，既遵守基本管理规范，又有所创新提高。课堂教学环节组织管理通过听课、督导、评估等机制能有效保证教学活动的规范性。课堂教学环节组织管理还通过对教学计划的制订、教学资源的调配、教学过程的监

❶ 陈利鲜，张向华 . 新建本科院校教学运行管理存在的问题及解决对策 [J]. 中国成人教育，2015（2）：44-46.

控等，确保教学活动的有序进行，保障教学秩序的稳定。

其次，高效的课堂教学环节组织管理能够确保教学质量的提高。通过优化教学流程、合理配置教学资源及对教学质量进行持续的监控和评估，课堂教学环节组织管理能够持续提升教学质量。学生的态度和参与度同样是影响教学质量的关键因素，课堂教学环节组织管理强调学生应按时参加课程学习，并实施严格的考勤制度，如对旷课、请假或未按时提交作业的学生采取取消考试资格等措施，有效地规范了学生的学习行为，促进了学生积极的学习态度。

最后，高效的课堂教学环节组织管理能够促进教学改革。设计结构化和层次分明的培养方案，以及实施难度递进的课程安排，课堂教学环节组织管理不仅保障了教学流程的流畅性，也提高了人才培养的实效性。随着课堂教学环节组织管理的不断深化，能够及时发现并解决教学过程中的问题，采取果断措施，进一步推动教学改革的深入发展。

二、课堂教学环节组织管理的现状

（一）课堂教学环节组织管理的程式化与缺乏创新

当前，部分高校的课堂教学环节组织管理在一定程度上呈现出程式化特点，其只注重教学秩序的维持，忽视了学生的主体地位和个性化需求及教育发展规律，缺乏足够的创新性；注重强化管理职能，而忽视管理的本质应该是服务，缺乏理念创新。课堂教学环节组织管理牵涉众多方面，像人才培养方案的拟定、教学计划的推行、课程的安排与选择及考试成绩的处理等，其工作既繁杂又琐碎，覆盖范围广泛，涉及人员众多。以选课为例，鉴于课程的种类丰富、限制条件繁杂，学生在选课过程中时常感到迷茫，很容易出现选错课或者漏选课的现象。而在考试这一环节，如安排的考试时间是否留有充足的间隔供学生备考，考试地点是否会导致跨校区上课的学生来回奔波等，任何一个细微之处的疏漏都有可能给学生的应考带来不便。个别学生由于对专业培养方案缺乏了解，临近毕业时才惊觉学分未修够，或者学分虽然修满了，但是课程体系未能一一对应，只能申请延长学制。面对如此众多的新问题、个性问题，需要管理者能够切实依据工作形势有效地积极作出调整。

（二）教学运行机制不连贯，流程不规范、存在漏洞

一套完整的教学运行流程应当是先制定出严谨的培养方案，依据各专业的培养方案生成相应的执行计划，由学院安排课程的上课时间与地点，教师和学生依照教学计划开展教学活动、组织考试、进行试卷批阅及分数录入。从上述流程能够看出，整个链条相互衔接、紧密关联，以至于上游工作人员稍有不认真、不负责、不用心而造成的一个微小错误，都会传递到下游并演变成大麻烦。例如，将笔试类课程的考核方式错误录入为考核类，致使期末时未安排该课堂的考试，后续不得不另行补充安排；或者将课程属性本应为必修的录入成选修，导致毕业时学分体系出现偏差；再者，各环节任务的完成进度存在拖延现象，如本应在选课前就妥善安排好的课程教学，临近学生选课了还在编排，给后续工作带来极大的压力。这些问题严重地降低了教学质量，也给学生的学习体验造成了不良影响。

（三）部门沟通协调不畅通，管理部门与学院职责不明晰

教务部门与学院存在一定的业务交叉。教务部门作为校级的管理部门，应当发挥协调者的职能，保证各学院和教辅单位之间工作的顺利进行。当

出现问题时，能够主动推进、协调并辅助加以解决。这种沟通协调不但体现在教学管理部门彼此之间，还应当拓展到校级部门与其他后勤服务部门，以此保障教学运行环节的通畅无阻。然而，在实际工作中，部分高校在处置跨部门业务的时候，存在职责不明晰、协调不顺畅的状况，致使工作效率颇为低下。学院教学秘书和学生之间的沟通渠道不够完善，学院教学秘书通常不会直接与学生进行对接，众多工作都是通过辅导员来传达。学生在学业规划方面的问题也依靠辅导员向教学秘书询问。然而有时辅导员因忙于学生工作事务，造成了未能及时处理学生的漏选课程、考试缓考申请等情形，导致学生的学习计划受到干扰，增添了学生的困扰与管理工作的难度。

（四）管理队伍能力素养有待提升

在现实中，部分高校的课堂教学环节组织管理队伍存在服务意识薄弱的问题，在工作中缺少主动为师生服务的自觉性，对待师生的需求不够热情和不够积极，使得师生在办理教学相关事务时体验欠佳；一些管理人员的专业知识与技能欠缺，难以应对复杂多变的教学管理工作，从而影响了工作效率和质量，呈现工作能力低下；还有因长期处于高强度工作状态而产生职业倦怠，对工作丧失热情的情况。课堂教学环节组织管理较为复杂，涉及师生的切身利益，关系到学校正常的教学秩序。课堂教学环节组织管理无论制度和流程如何完备，最终取得成效的关键还是在于管理者的素养。因此，管理队伍不仅需要从繁杂事务的泥潭中挣脱出来，掌握相应的业务知识、具备一定的经验积累，还需要调整心态避免职业倦怠，秉持积极负责任的态度。

三、提升课堂教学环节组织管理能力的必要性

（一）落实国家治理体系和治理能力现代化的需要

党的二十届三中全会对进一步全面深化改革、推进中国式现代化作出战略部署，锚定“继续完善和发展中国特色社会主义制度，推进国家治理体系和治理能力现代化”。[1]在当今世界百年未有之大变局的背景下，国家治理体系和治理能力现代化成为时代的重要课题。教育作为国家发展的基石，其治理体系和能力的现代化对于国家整体发展具有关键意义。高校课堂教学环节组织管理作为教育领域的重要组成部分，需要紧跟这一趋势。我们要深刻理解全球政治、经济、科技等领域的深刻变化，以及这些变化对教育带来的影响。同时，要准确把握教育发展的规律和趋势，明确教育在培养适应时代需求的创新型人才方面的使命。只有将高校课堂教学环节组织管理纳入国家治理体系和治理能力现代化的大框架中，才能推动教育改革的深入发展，为国家培养更多高素质的人才，增强国家在全球竞争中的核心竞争力。

（二）落实全面提高人才自主培养质量的需要

全面提高人才自主培养质量对高校课堂教学环节组织管理提出了诸多全新的要求。在办学目标方面，应当明确且高远，致力于培育具备创新精神、实践能力及社会责任感的全面发展型人才。在培养目标上，要细化且富有针对性，依据不同的学科和专业特性，明确具体的能力与素质要求。在培养纲领上，应当科学合理，囊括课程设置、教学方法、实践环节等各个层面，对

[1] 把进一步全面深化改革的战略部署转化为推进中国式现代化的强大力量（学习贯彻党的二十届三中全会精神）[EB/OL]. 人民网.（2024-07-19）[2024-07-21]. https：//app.people.cn/h5/detail/normal/5891464249771008.

教学活动给予清晰明确的指引。在培养要素上，注重知识传授、能力培养及价值观塑造的有机融合，不但要让学生掌握扎实的专业知识，还要增进学生的综合能力和道德素养。在培养路径上，要实现多元化，涵盖课堂教学、实践实习、科研创新等多种形式，为学生提供丰富多样的学习体验和成长机遇。上述方面的高标准施行依赖于高效规范的课堂教学环节组织管理。科学合理的课堂教学环节组织管理能够优化课程设置，通过对各专业知识体系的深入探究和对市场需求的精准把控，精心规划课程的种类、顺序和内容，一方面使学生能够获取全面且具有针对性的知识，为其未来的职业发展筑牢基础；另一方面能够规范教学过程，制定严格的教学计划执行标准和教学质量监控机制，督促教师认真授课，确保教学秩序的稳定等。

四、提升课堂教学环节组织管理质量的对策

若要提高课堂教学环节组织管理水平，有效规范教学活动的开展，切实提升教学质量，高校需要把简单的管理工作转变为全面协调可持续的治理工作。治理与管理虽一字之差，但实际所体现的是管理理念、管理方式、管理手段的全面革新，其要求从制度、流程、文化、监管等多方面发力，构建课堂教学环节组织管理的全方位保障体系。

（一）厘清工作主次，做到有的放矢

课堂教学环节组织管理工作千头万绪，需要各类管理者明晰事务的轻重缓急，正所谓“上面千条线，下面一根针”，要厘清工作步骤，做到有的放矢。在整个课堂教学环节组织管理过程中要抓住重点业务和时间节点。例如，在制订人才培养方案时要耐心邀请各类专家学者给出科学指导、向专业课教

师咨询课程难度、向学生了解学习兴趣和就业意向等，在系统录入时要花大力气认真核对、检验数据准确性。因为培养方案是教学运行的源头，一切工作的进行都由此展开，务必保证数据准确性并按时录入完成。教学质量是教学活动的生命线，理所当然是运行管理中的重点内容，要严格执行教学计划，要设立明确的审批流程和监督机制，杜绝随意更改，维护教学秩序的稳定性；严格落实教学活动规范性，遵守课程纪律，确保教学零失误；要强化定期听课、学生评教等机制，对教师教学进行全方位监督，促进教学方法创新，提升教学质量。抓住了这些大方向，教学运行就可以平稳进行，再规范学生选课、请假、申请缓考等流程，整个教学运行管理工作高质量运行。

（二）确立制度体系为核心依据，保障运行体系有效实现

课堂教学环节组织管理工作以各级各类文件作为支撑依据，教学管理规章制度是教学规范化运作的关键保障。教学管理规章制度应当做到内容全面且成系统，并形成完整体系，令教学工作的各个运行环节均有清晰明确的标准与依据。随着高等教育改革的不断深入推进，管理者还需要适应新的形势、把握新的方向、领会新的精神，对现有的教学管理文件进行补充、修订及完善。

现行的管理制度大体上分为正式文件和非正式文件两类。正式文件当中涵盖学校文件、部门决议、会议决议、公告通知等，它们以明文的形式为教学运行提供确切的规范与指导；非正式文件则包含师德师风约束、管理文化氛围、行政文化塑造等，这些能够有效地激发管理者的积极性与责任感，对于被管理者同样能通过价值熏陶、规则引导发挥示范作用。在正式文件的执行过程中，要做到依法依规、公正公平公开，同时要配备容错纠错机制，实现监督与问责的有机结合。在治理过程中，既要有效利用正式文件施行法治，

也要充分借助非正式文件施行德治，强化道德的约束力。最后还要做到民治，也就是向师生征求意见，问计于师生，吸引广大师生共同参与治理活动。

（三）协调各方管理主体，准确定位和行使权力

层次清晰、职责明确的管理体系是管理工作顺畅运转的基础。教务部门作为校级教学运行的直接管理部门，应当能够从宏观层面把控教学工作的重点，积极倡导新的管理理念，并从实践中总结、研究、制定出新的规则与规范，从顶层设计的角度为课堂教学环节组织管理过程中的各类问题提供解决办法，进而更好地指导并服务于课堂教学环节组织管理工作。学院作为二级教学管理部门，具有与教师、学生直接接触的优势，因而更能了解教师和学生的基本需求，并直接协同专业系、课程组负责教学任务的审核和专业建设，还能够基于实际情况，安排和组织各类教学活动。要持续推进“放管服”一体化改革，给予学院更多的信赖和自主权，从根本上落实管理重心下移，突出权责分明，使校级和院级教学管理部门各自履行职责，并且充分发挥既有优势，展现其在管理理念方面的长处，为新时期高校课堂教学环节组织管理开创崭新的局面奠定基础。[1]

在人员职级方面，也要依据实际状况分类行使权力。教学运行的主管部门内部实行行政集体统一领导，充分发挥民主决策的长处，确保集体决策的科学性与权威性。部门的主要负责人需要具备战略眼光，掌控全局，善于沟通与协调，引领团队高效执行，凝聚各方力量，激发组织活力。部门的其他负责人则要在负责的领域内积极筹划，胸怀大局，扎实推动工作落实，勇于创新求变。工作人员应当尽忠职守，追求高效、高质量的工作成果，做到相

[1] 张金冉，林聪，张亭亭．高校教学运行管理过程中校、院两级管理角色分析 [J]. 教育教学论坛，2016（30）：11-12.

互协作，坚决执行任务，令人放心满意。学院的教学管理者也要坚守职责，紧密配合主管部门进行任务分解，圆满完成各项工作。通过明确各个层级的职责与权力，形成协同高效的工作格局。

（四）提升管理队伍的能力水平

管理队伍的建设状况将直接左右教学管理制度的执行成效。高校教学管理不单是制度管理，更是人才管理，若要确保教学管理的各项目标得以达成，就务必要打造一支高水准的管理人才队伍。

课堂教学环节组织管理所依赖的运作主体是人，运作的主要目标与对象同样是人。人是最为宝贵的教育资源，管理应当以师生为核心，将追求提升师生满意度，以及充分激发师生参与管理的积极性作为永恒的目标，充分考量教师授课的方式、时间、工具的便利性，尽可能为其提供必要的服务支撑，优化办事流程，让数据多跑腿，让教师少跑腿；充分顾及学生的主体地位和个性化需求，在选课、实习实训等方面为学生提供优质的教学服务。

一方面，管理人员要提升服务意识。强烈的责任感与担当意识是做好工作的动力源泉，要强化身份认同，增强对教育事业的荣誉感；要仔细梳理工作中的风险点，做到心中有数，不触碰底线。深刻领会管理与服务的辩证关系，以服务的形式，落实管理的实质，将服务理念贯穿于管理工作之中，凭借优质服务实现有效管理。推行民主管理，畅通管理者与被管理者的沟通渠道，增进彼此的理解，在各类管理制度出台之前，深入到被管理者当中展开调研，了解被管理者的需求，满足被管理者的诉求；文件草案形成之后，广泛征求意见，让管理制度成为管理者与被管理者都认可的契约，减少管理制度执行过程中的矛盾。另一方面，管理人员要持续加强学习，参与各类培训和学术交流活动，及时掌握最新的教育理念与管理方法，提高业务水平，以便更好地应对复杂多变的教学环节组织管理工作。学习掌握张弛有度、刚柔并济的工作方法，在教学计划管理方面有严格且统一的标准；在处理方式上要采用柔和灵活的手段，使柔性管理"在人们心中形成一种潜在的说服力，从而把组织意志转变为自觉行动"。[1]此外还要注重创新引导，对于新方法、新工具要有学习和尝试的态度，不能一味排斥、故步自封。例如，信息化、大数据都是十分方便的办公工具，能够用于快速且准确地收集数据并提供决策建议，所以要主动学习运用新方法解决旧问题，开创工作的新局面。

（五）建立健全监督和评估机制

加强对课堂教学环节组织管理的监督。建立多层次、全方位的监督体系，包括学校内部的自我监督与师生的民主监督。依托教学督导中心与各级教学督导力量，定期对课堂教学运行的各个环节进行检查和评估。加强对教学计划执行情况的监督，确保课程按时开设、教学任务足额完成；对教学过程管理进行监督，防止教学过程中的敷衍塞责和违规操作；对教学改革措施落实情况进行监督，确保实践有创新，改革有成效；对教学资源配置进行监督，保障资源分配的公平合理和有效利用。

完善教学质量评估体系。构建科学、全面、客观的教学质量评估指标体系，涵盖教学内容、教学方法、教学效果等多个方面。采用多元化的评估方法，如学生评教、教师自评、同行互评、专家评估等，确保评估结果的准确性和可靠性。定期开展教学质量评估工作，及时公布评估结果，并将评估结果与教师的绩效考核、职称评定等挂钩，激励教师不断提高教学质量。同时，根据评估结果总结经验教训，发现问题及时整改，形成教学质量持续提升的良性循环。

[1] 袁月梅．高校教学管理改革的理论与实践探索研究 [D]. 北京：北京中医药大学，2004.

高校应建立健全课堂教学环节组织管理制度和流程，加强对管理工作的监督和考核，确保制度的严格执行。同时，要建立有效的反馈机制，及时了解师生对课堂教学环节组织管理工作的意见和建议，不断改进管理工作。

五、课堂教学环节组织管理应把握的原则

高校课堂教学环节组织管理者要紧紧围绕立德树人根本任务。党的二十大提出的“六个必须坚持”[1]，乃是马克思主义世界观和方法论的重大创新，应用于高校课堂教学环节组织亦是恰如其分。结合实际工作，具体细化为以下几个方面。

一是坚持人民至上。始终将师生利益放在第一位，在制定政策、解决问题过程中多问计于师生，多从师生角度考虑他们的利益。例如，在制订教学计划时，充分调研师生需求，确保课程设置合理；在解决教学资源分配问题时，优先满足师生的教学和学习需要。

二是坚持自信自立。处理工作有章有法，有理有据，有条不紊，从公正客观角度维护管理工作的正常秩序。如面对复杂的教学运行管理事务，能够依据规章制度，冷静判断，作出合理决策。

三是坚持守正创新。任何工作都有不尽如人意之处，任何方式方法也有不适用之时，要及时根据新任务、新情况、新形势调整工作理念、工作方法。例如，在面对信息化时代的挑战时，积极引入先进的教学管理系统，创新管理模式。

[1] 习近平：高举中国特色社会主义伟大旗帜　为全面建设社会主义现代化国家而团结奋斗——在中国共产党第二十次全国代表大会上的报告 [EB/OL]. 中国政府网 .（2022-10-25）[2023-11-25]. https：//www.gov.cn/xinwen/2022-10/25/content_5721685.htm.

四是坚持问题导向。问题即矛盾，无法回避也不能绕过。人类认识世界、改造世界的进程，就是一个发现问题并解决问题的过程。对于课堂教学环节组织者来说，每个个体的岗位职责是固定的，个体所面临的问题也是特殊的，因此要求每一位坚守岗位的人员具备深入研究问题、分析问题、解决问题的能力，并能够总结问题，做到举一反三。这就意味着管理者在遭遇教学安排冲突、资源分配不均等问题时，要深入探究其原因，探寻根本的解决办法。

五是坚持系统观念。深刻领悟本职工作在整个人才培养事业中的位置，做好上下游的衔接与协同。如在安排课程时，要考虑后续实践教学环节的需求，确保教学环节的连贯性。

六是坚持胸怀天下。要将自己的工作融入全校的工作目标中去，将自己的事业融入国家的高等教育宏伟征程中去。关注国家教育政策的发展变化，积极响应并落实相关要求，为培养适应时代需求的高素质人才贡献力量。

第二节　大学生创新创业训练计划项目管理

2018 年，习近平总书记在全国教育大会上强调，坚持改革创新，要在增强综合素质上下功夫，教育引导学生培养综合能力，培养创新思维。[1]2019 年，教育部印发《国家级大学生创新创业训练计划管理办法》，旨在深化高校创新创业教育改革，提高大学生创新创业能力，培养造就创新创业生力军。[2]创新

---

[1] 陈宝生 . 开启加快教育现代化新征程——学习贯彻习近平总书记在全国教育大会上的重要讲话精神 [J]. 紫光阁，2018（10）：10-12.

[2] 教育部关于印发《国家级大学生创新创业训练计划管理办法》的通知 [J]. 中华人民共和国教育部公报，2019（6）：44-48.

是社会发展的不竭动力，是引领发展的第一动力。在世界百年未有之大变局和实现中华民族伟大复兴的历史交汇期，创新更是我国在国家综合实力竞争中取得胜利的关键法宝。在提升国家创新能力的重大战略中，高等院校是主阵地，大学生是主力军，大学生创新创业训练计划（以下简称“大创计划”）是重要结合点。

一、开展“大创计划”的意义

（一）对接国家重大战略部署，培养关键领域储备人才

早在2014年国务院就提出“大众创业、万众创新”重大战略；党的十九届五中全会提出了坚持创新在我国现代化建设全局中的核心地位，把科技自立自强作为国家发展的战略支撑。[1]教育部提出了“新文科”建设战略，旨在提升综合国力、坚定文化自信、培养时代新人等方面助力社会发展。开展“大创计划”的指导教师可以将承接的重大课题分担给学生研究，吸收学生的创造力。参与的学生也可以借助项目提升自己的科研能力、创新意识和专业能力，为进一步的成长打下坚实基础。中南财经政法大学是以“经法管”融通为特点的综合型人文社科大学，是“新文科”建设的排头兵，学校“大创计划”的开展是落实“新文科”战略的重要途径。

（二）提升“产—学—研”合作效果，提高人才培养综合质量

“大创计划”为高校与企业、科研机构之间的合作提供了平台。通过项目合作，高校可以了解企业的需求和市场动态，为企业提供技术支持和人才培

[1] 中国共产党第十九届中央委员会第五次全体会议公报[N]. 人民日报，2020-10-30（1）.

养服务；企业和科研机构也可以为高校提供实践基地和资金支持，共同推动科技创新和产业发展。“大创计划”项目实施往往需要交叉学科的知识，学生需要拓展自己多方面能力。高校通过实施“大创计划”能够培养出具有创新能力和实践能力的高素质综合型人才，满足社会对创新型人才的需求，进一步提升学校声誉和影响力。

（三）肥沃创新创业实践土壤，强化浓厚创新思维意识

开展“大创计划”有助于高校进一步深化创新创业教学改革，以培养方案改革为切入点，将更多的双创课程、素质实践纳入教学体系中，形成以培养创新型人才为宗旨的教育模式；以项目制、团队制、导师制等形式为特征，在第二课堂中真锤实练、协同合作，完成“创意激发—科学规划—有效实施—经验总结”全环节科研训练，构建行之有效的创新创业实践全流程体系。在兴趣驱动的原则下，学生可以尽情发散思维，拥有充分的自主研究权，将创意灵感与专业素养高度匹配，创造兼具专业识别度和创意特点的项目成果。这一过程既提高了学生实践动手能力、科研探索能力，也培养了学生的创新思维和创新意识。

二、学校“大创计划”的实施现状

学校实施“大创计划”的原则是“兴趣驱动、自主实践、重在过程”。兴趣驱动即要求参与项目的学生要对科学研究、创造发明有浓厚兴趣，在兴趣驱动下、在导师指导下完成实验研究和创新过程；自主实践即要求学生团队以项目负责人牵头，在指导教师的指导下，对项目规划和实施等方面实行自主计划和自主管理；重在过程，即注重“大创项目”的实施过程，强调项

目实施过程中学生在创新思维和创业训练方面的收获。

学校“大创计划”主要包括创新训练项目、创业训练项目两类。创新训练项目是本科生个人或团队，在导师指导下，自主完成创新性研究项目设计、研究条件准备和项目实施、研究报告撰写、成果（学术）交流等工作。创业训练项目是本科生团队在导师指导下，团队中每个学生在项目实施过程中扮演一个或多个具体的角色，完成编制商业计划书、开展可行性研究、模拟企业运行、参加企业实践、撰写创业报告等工作。

2011—2020年，中南财经政法大学共有2111个“大创计划”项目获批立项，参与学生高到10 000余人次。项目级别从开始的“国家级—校级”两级发展到后来的“国家级—省级—校级”三级模式（表2-1）。项目类型也涵盖了创新训练项目和创业训练项目两大类，满足了不同学生的实践需求。

表2-1　2011—2020年中南财经政法大学“大创计划”立项情况统计

立项年份	项目级别	创新训练项目	创业训练项目
2011	国家级	63	0
	校级	0	0
2012	国家级	70	9
	校级	20	0
2013	国家级	65	16
	校级	77	0
2014	国家级	100	0
	校级	100	0
2015	国家级	98	0
	校级	101	0
2016	国家级	152	0
	校级	143	0

续表

立项年份	项目级别	创新训练项目	创业训练项目
2017	国家级	151	0
	校级	146	0
2018	国家级	138	12
	校级	132	18
2019	国家级	136	14
	省级	90	10
	校级	44	6
2020	国家级	36	4
	省级	109	11
	校级	36	4

从表 2-1 可以看出，首先，学校国家级项目立项数呈现先增长、后稳定、再降低的梯形趋势，这与国家层面对创新创业教育的重视和资金投入有着密切关联。2011—2019 年总体是上升的，学校积极落实《国家关于深化高等学校创新创业教育改革的实施意见》，大力推进创新创业教育，培育了大量的国家级项目；2020 年疫情后，随着教育部专项经费的缩紧，国家级项目数随之减少，这一变化也给学校“大创计划”开展带来了新的挑战。其次，自 2012—2013 年试验创业训练项目后，中断四年直到 2018 年才再次开展创业训练项目的培育和实施，这表明学校根据自身学科特点和创业教育发展进程作出了适当灵活的调整。学校是一所以文科为主体的综合性大学，前期创业训练项目的抓手不明，2016 年后学校从管理体系、培养体系、课程与教材体系等方面入手，发力打造了坚实的创新创业教育基础设施，所以 2018 年一次涌现出 30 项创业训练项目。最后，学校总体立项数量也是先增长、后稳定、再降低的趋势，以每个项目 5 名成员的一般标准计算，参与“大创计划”的

学生总数也遵循这一趋势，十年来“大创计划”的实施惠及了大量学生，在莘莘学子心中燃起了一束束创新创业的火苗。

三、学校“大创计划”的实施方案和策略

（一）统筹协调，分层管理

学校成立创新创业教育工作领导小组，全面负责领导和协调“大创计划”工作的开展，具体委托教务部牵头组织开展“大创计划”的立项审批、中期分级、结题终审、效果分析评价等日常组织管理工作。教务部审时度势，紧跟上级指导要求和时代发展变化，对创新创业教育方面的管理制度和文件，查漏补缺，推陈出新。各学院成立对应的院级“大创计划”工作领导小组，负责落实本学院项目实施的申报初审、立项答辩、中期分级推荐、结题验收、档案管理等各项工作。“教务部—学院”两级分层管理模式优化了管理环节，规范了管理流程，明晰了管理职责。

（二）强化过程管理，重视系统管理，提高科学管理

为了保证“大创计划”项目质量，学校在项目实施全过程中进行了严格把控，具体可以分为三个阶段的工作。初期立项：每学年第一学期初启动“大创计划”申报立项工作，学生与指导教师双向选择，组建项目团队，确立项目研究主题和内容。项目团队通过学院的盲评、答辩、评审等环节后，由学院择优向学校推荐。学校对所有推荐项目综合审定最终确立立项名单，并统一设定为校级“大创计划”。中期分级：每学年第二学期初开展“大创计划”中期检查工作，重点考察项目实施以来的过程记载、实践活动、中期报告等，根据检查结果由学院向学校推荐国家级、省级“大创计划”名单。学

校根据上级部门分配的国家级和省级指标数，结合学院推荐意见，最终确立国家级和省级“大创计划”项目名单，拨付部分项目经费。检查不合格者终止其项目，取消相关评优附加分。终期结项：项目组须完成结项报告，同时准备好相关的论文、创意设计、专利等支撑材料。由学院根据项目成果评定成绩，学校对60分以上的项目再次终审并评定等次，发文公布并颁发证书，拨付剩余项目经费。学校将整体分析评价各学院“大创计划”项目实施效果，将实施成效纳入下一年度指标数分配计算中。三个不同的管理阶段，做到了精心培育、严格监管、保障成效为一体，全方位、全过程、全系统地服务“大创计划”项目。

（三）注重制度创新，激发各方活力

为了更好地推动学校“新文科”建设，服务社会经济发展，学校创新“大创计划”项目遴选工作，采用自主选题与学校命题相结合的方式。学校在初期立项阶段前发起“大创计划”项目选题征集公告，从培养创新创业人才、提升学校一流学科建设、推动“经法管”学科提质提效等角度遴选出若干指导题目，参与“大创计划”的指导教师和学生围绕指导题目自主选择研究方式方法、重难点及实现路径。这样既保证了“大创计划”的有效性、方向性、科学性，又兼顾了项目团队的自主性、能动性、创造性。

调整经费分配，激励团队向上。学校积极创新经费管理办法，强化资金使用绩效评价机制。对于实施效果差的项目，适当削减资金投入；而对于实施效果好的项目，加大资金倾斜力度。对于项目实施过程中无故中止、实施进度严重滞后、结项判定为“不合格”的项目，一律取消二次经费拨付。对于学校评定为“优秀”等次的，按国家级、省级、校级分别给予不同标准的奖励。这样在总预算固定的前提下，兼顾了公平与效益。政策实施后，学校

的“大创计划”项目的结项率和优秀率逐步提升，师生反响良好。

解决教师忧虑，保证劳有所得。学校建立了一支约 70 人组成的专兼结合、高校企业互补的创新创业导师队伍，依托团中央“KAB”教育师资培训项目和一流学科优势，开展创新创业教育师资培训，并将创新创业意识教育和能力提升纳入每年新进教师入职培训中。专业的师资团队，为创新创业团队和项目提供了精准指导及服务。对于学校评定为“合格”及以上等次的创新创业训练项目，其指导教师工作量的计算标准为：国家级 20 学时每项，省级 15 学时每项，校级 10 学时每项。对于创业实践项目，其指导教师工作量加 1 倍计算。同时，切实落实附加奖励办法，推行正向激励举措。结合学校的奖励办法，对于在层级较高、影响力较大的创新创业类科研活动或学科竞赛中取得优异成绩的团队或个人，确保对其指导教师的奖励得以落实。

深挖学生潜力，延续项目价值。对于仍具研究价值或只是取得阶段性成果的“大创计划”项目，项目负责人可以提出申请继续项目研究，经学院审查通过，可以作为毕业论文（设计）课题开展。若在“大创计划”实施过程中已经取得了达到毕业论文（设计）要求的研究成果，经学校审核鉴定后，可以代替本科毕业论文（设计）。对于实用性强、易转化的创业项目，在项目结题后，可转移至创业学院，在资金和场所的扶持及专业师资团队的指导下继续孵化。

（四）借助信息化手段，全线上管理“大创计划”

面对繁杂且庞大的“大创计划”项目申报书、中期检查报告、结项报告及其他支撑材料，信息化管理技术凭借准确、及时、易存储等优点，较传统线下纸质化管理方式更加便利。学校自主开发了“大创计划”项目管理系统，学生可以在系统中接收公告通知、进行项目申报、上传支撑材料等；指导教师可以批阅项目内容、提出修改意见、审核学生申请等；管理部门可以分配项目盲审、审定项目级别、汇总数据分析等。信息管理系统的启用强化了过程管理和质量监控，减少了繁文缛节的签阅步骤，提高了管理效益。

四、学校“大创计划”的实施成效

中南财经政法大学“大创计划”一直深受广大师生的青睐，吸引众多团队参与。近年来，在学校的科学管理和团队的认真实干下，学校“大创计划”取得了不少成绩，在校园内掀起了浓厚的创新创业热潮。

（一）“大创计划”项目成果亮眼，搭建服务创新发展平台

“大创计划”激发了学生探索热情、培养了学生创新思维、提升了学生研究能力，学校顺势组织师生积极参加各级创新创业赛事，荣获国家级、省部级奖项300余项。2010—2020年，凭借项目团队突出的表现，先后有16个项目入选教育部、科学技术部联合主办的“全国大学生创新创业年会”参展项目；于“大创计划”项目基础上直接挖掘、孵化、升级出的优质项目在中国国际“互联网+”大学生创新创业大赛上累计收获一金一银五铜。学校通过银校联合、校企联合、政校联合、校校联合，共建双创人才培养基地，为学生搭建创新创业大舞台，打造创新创业孵化基地、产学研合作基地、创新创业教研思政室、创业诊所工作坊、创新创业实践基地5个功能板块。近年来，学校创业基地获评“全国高校实践育人创新创业基地”“湖北省大学生创业示范基地”“湖北省大学生创业孵化示范基地”等多项荣誉。同时依托基地，邀请校内外专家进行全方位指导，2022年起，邀请校外专家来校讲学18场，开展创业活动42场次，参与人数达1.5万余人次。此外还组织学生参加讲座、

沙龙、竞赛及“青年红色筑梦之旅”专项社会实践、“创业训练营”等第二课堂创新创业活动。

（二）创新创业教育体系逐步完善，全方位人才培养模式日趋优化

学校全面修订了本科生全程培养方案，坚持改革创新，建设稳定和高质量的创新创业课程体系，把创新创业教育纳入教学计划、专业建设、课堂教学、课内外实践、学生发展评价等人才培养全过程，并纳入学分管理。该课程体系属开放式的“大创业”课程体系，不局限于本校资源，而是整合校内外一切可用资源，构建创新创业“课堂—实创—融资”的完整链条。例如，面向全体学生增设“创业基础”课程（1学分），纳入专项教育模块管理。为促进创新创业教育与专业教育、创业活动的深度融合，各专业根据各自特点开设创新性思维与研究方法、行业创业指导等专业选修课，并设置了包含双创就业、社会实践在内的课外素质教育学分。引导教师广泛开展启发式、参与式教学，突出学生中心，推动教师最新研究成果和实践经验入课堂，注重激发学生的创新思维和创业灵感。学校修订《本科生调整修读专业管理办法》等教学管理制度，从调整专业、成绩归档、免试攻读研究生申请、弹性学制实践尝试、休学创新创业学籍保留等方面，为创新创业人才培养提供政策支持。

（三）创新教育理念深入人心，创新创业氛围不断丰富

学校树立“面向全体、基于专业、分类培养、强化实践”的“融入式”创新创业教育基本理念，以学生发展为中心，探索形成思政融入、学科融通、学业就业创新创业融合、资源融汇的“四融”培养模式，修订人才培养方案、创新教育教学方法、加强双创队伍建设、打造创新创业基地、强化创

业实践训练、构建创业帮扶体系、开展生涯规划指导，推进创新创业教育与专业教育工作有机融合，持续提升学生创新创业能力、增强创新活力，培养造就“大众创业、万众创新”的生力军。围绕社会经济发展、重大民生问题、专业技术前沿、科技发展趋势和新商业模式进行设置，着重体现“大创计划”实施的时代前沿性、科学性、普适性和应用性。通过组织学生参加科研项目，接触前沿学术成果，加强高水平科研团队互动，激发学生创新精神和创业意识。学校注重对“大创计划”管理工作的专题调研，认真总结“大创计划”工作中所取得的主要成果、面临的主要问题，采取有效措施，进一步发挥“大创计划”项目在培养学生创新意识和创业能力方面的内化作用。同时利用网络、报纸等多种媒体渠道，加强对创新创业教育改革的报道和宣传，形成了全校关心创新创业教育、支持学生创新创业的良好氛围与态势。

“大创计划”是落实创新创业教育理念，培养创新人才的重要举措，也是推进“新文科”建设的重点内容。学校在制度创新、模式创新、管理创新上持续深入改革，营造了良好的学术氛围，提升了创新创业教育成效。今后学校还可在校企项目合作、创业项目推介、项目成果转化等方面重点突破，进一步发挥创新创业教育在人才培养中的重要作用。

第三节　实验室建设与管理

实验室作为学术研究和实践教学的主战场，是培养学生实践能力和创新精神的重要教学基地，在高校学科发展和专业建设中起着基础性作用。[1]实

[1] 崔国印，黄刚，聂小鹏，等．“双一流”目标下的高校实验室建设与管理 [J]. 实验技术与管理，2019（2）：269-271，276.

验室承载着实验教学、创新教育的重要功能，是教学运行管理的重要组成部分。

2018 年 5 月，时任教育部高等教育司司长吴岩首次提出“新文科”概念，并在 2019 年多次强调部署“新文科”建设的内涵和方向。“新文科”是发展社会主义先进文化的重要载体，是发展新时代哲学社会科学的新要求，对于推动哲学社会科学与自然科学融合发展，促进哲学社会科学与自然科学共同繁荣有着重要意义。[1]

“新文科”建设和发展给高校实验室建设与管理带来了新思路、新方法、新理念，同时也提出了更多更新更高的要求。高校实验室建设与管理必须改革思路，创新模式，走内涵式发展道路，踏上以实践提升理论，以理论指导实践的双向征程，才能在“新文科”建设中贡献强大力量。

一、当前文科实验室建设与管理的现状

随着我国哲学社会科学的发展，以创新学生思维、提升学生实践能力、培养学生人文素养为主要功能的文科实验室得到了一定程度的重视，也得到了某些方面的建设。然而伴随复合型、融通型、内涵式的“新文科”建设工程推进，文科实验室建设与管理中顶层设计不够、人员队伍素质缺乏、制度理念陈旧等问题日益突出。

（一）顶层设计不清晰，制度体系不完善

鉴于哲学社会科学的研究多是以调查研究、文献查阅、数据分析等方法为主要手段，不同于自然科学的研究需要固定场所、特定仪器等，文科实验

[1] 教育部高等教育司．高水平本科教育的中国方案正在形成 [N]. 光明日报，2019-05-21（014）.

室建设从学科特征上就失去了抓手。一方面部分高校管理层对于文科实验教学不够重视，片面认为实验教学对专业建设、人才培养意义不大，仅仅将实验教学看成理论课堂的补充和辅助；另一方面对于文科实验室的建设也没有明确的思路，缺乏从上到下、权责分明的各级管理机构，存在职能部门与学院、职能部门之间管理交叉、杂糅的现象。例如，近几年越来越被重视的实验室安全问题，调查了除国防科技大学之外的38所“985”高校，发现文理综合型大学基本有校级实验室安全工作领导小组（或委员会），而在另外文科专业占主体地位的四所高校中，有两所高校没有校级实验室安全工作领导小组，其中一所高校将实验室管理工作挂靠在教务处，没有专门的处级单位。实验教学随着相应学科的发展，本身就需要与时俱进，推陈出新，制度体系要及时调整，管理层面思路的不明确直接导致了实验室相关制度不完善的状况。

（二）管理理念保守，存在分而治之情况

文科实验室多为计算机机房，招聘实验管理人员也多为计算机专业人才，他们的职责多是维护专业软件、计算机硬件及整个实验室物理空间，扮演的是教学辅助角色。管理者对所辖专业实验室理解不够深刻，在添置实验设备、改进实验环境时，缺乏专业思考，存在设备购置重复、实验环境布局不合理等问题。再者，安全工作是实验室的底线，水电安全、信息安全、生化安全等专业性高，而管理者中缺少这类专业安全员，难以应对日趋严格的安全工作。文科本是一类综合性的学科，现代教育经验又按照专业差异划分了不同的学院，而整个学校实验室又是依托学院建设和管理的。学院依照自身专业特点，追求小而全，建设专业性高、功能单一实验室，难以跨专业适用，培养融通型人才。学院作为实验室建设和管理主体的事实，削弱了整合学校资源形成学科发展合力的能动性。

（三）实验室建设滞后，教学设计落后社会生产

正是对文科实验室功能的不重视，学校投入经费少，加上各学院分而治之，资源竞争，重复建设，更加导致学校实验室建设整体滞后。例如，两个专业相近的学院同时提交了计算机的更换方案，评审专家组就会质疑为何要重复购置相同硬件设备、不共享，可能就只会择优通过一个学院的建设方案。实验室条件配备的滞后以及课程设计更新缓慢，致使当前文科实验教学在快速更迭的社会需求面前，显得较为落后。[1]现代企业青睐的是知识融通、技术复合的综合型人才，希望他们能够创新工作内容。然而，以验证性实验为主、创造性实验为辅的单一专业、技术落后的实验教学方案，难以满足社会生产要求。

二、新文科背景下，文科实验室建设与管理新出路

新文科建设是文科类院校推进“六卓越一拔尖”计划 2.0 的总部署、总目标，这个计划的三个核心任务就是两个“双万计划”和一流基地建设。[2]一流专业建设和一流课程建设都给实验教学指明了具体的方向。一流专业建设要求：积极发展新兴专业，完善协同育人和实践教学机制，教学方法手段不断更新，促进学生全面发展。一流课程建设要求：提升课程的高阶性、创新性和挑战度，其中还特别设置了“虚拟仿真实验教学一流课程”赛道。两个“双万计划”同时给了实验教学巨大的发展契机，各高校现正投入大量精力和经费申报“双万计划”，只要实验室管理者紧跟要求，更新管理理念，采用

❶ 葛镜，余泽太，严建桥，等．高校实验教学和管理新模式探索 [J]. 实验室研究与探索，2019（3）：234-236.

❷ 教育部高等教育司．高水平本科教育的中国方案正在形成 [N]. 光明日报，2019-05-21（014）.

新模式、新方法、新技术，势必可以构建起新的实验室建设与管理体系，为“新文科”建设添砖加瓦。

（一）明确任务统筹规划，合理设置规范运行

实验室的建设与管理需要明确制度、教学、创新、科研、社会服务、内部管理六大方面的任务，统筹规划，一体推进。一是建立健全规章制度。实验室应结合各自专业及所在实验室特点，建立相应学生实验守则、安全守则、仪器设备操作规程等规章制度。二是承担实验教学任务。实验室应根据培养方案，组织实验教学工作，完善教学计划、教学大纲和实验指导书，做好实验仪器设备及材料的准备工作，合理安排实验教学人员，保证实验教学的顺利进行。三是促进教学改革创新。实验室应不断吸收科学研究和教学改革的新成果，更新实验项目和内容，研究和改革实验教学方法，培养学生理论联系实际的学风，严谨的科学态度和分析问题、解决问题的能力。四是开展科学研究。实验室应根据承担的科研任务，积极开展科学实验工作，及时掌握国内外同行的实验研究成果和发展动态，努力研究实验技术和方法，完善实验条件和工作环境，不断提高科学研究水平。五是参与社会服务。实验室在保证完成教学科研任务前提下，应积极开展社会服务和技术开发，开展学术、技术交流活动，增强实验室活力。六是加强内部管理。实验室应严格执行实验室工作的各项规范，加强实验室工作队伍建设，做好工作人员的培训和管理。

（二）科学规划实验室建设，加大校院协同力度

文科实验室同哲学社会科学一道，有着自身发展规律。它为跨专业、交叉式哲学社会科学提供模型推演、数量分析等研究方法，就应该建设成多学科交叉融合、开放共享式，能支撑新研究方法、提供研究资源的“新文科”

实验室。坚持以学生为中心、质量为本的教育理念，就要紧扣国家需求，适应产业变革，提升传统专业、发展新兴专业，营造传统实验室站得住、新兴实验室起得来的建设局面。要研究好协同育人政策，积极利用企业软硬件平台，打造紧贴生产一线的实验场所；支持和鼓励实验教学研究与改革，研制开发教学实验仪器设备。实验室建设工作应在学校统一领导下，校、院两级管理，相关职能部门各司其职，做好实验室建设顶层设计，优化实验室资源配置，提高资产效益，保障全校实验室建设一盘棋。在充分倾听学院需求的基础上，学校要协调好相近专业、相似需求的建设方案，以“新文科”建设为导向，集中力量搭建资源分享、功能多样、专业融通的实验室。

（三）瞄准目标，推动实验教学创新

教育部要求“新文科”建设要从拔尖计划 2.0、卓越经管人才培养、“双万计划”等方面进行探索，高校应该主攻经管学科，提升专业的内涵建设质量，培育新兴经管专业，创造一流的实验“金课”。实验教学应遵循新时代人才培养的总要求，坚持“开放、融合、创新”原则，主动适应数字教育新形态，推动实验教学改革与研究，积极探索实验教学新内容、新方法、新手段、新模式，提高实验课程“高阶性、创新性、挑战度”。要着力推进知识创新、理论创新、方法创新，增设开放性、探究性、设计性实验教学项目，充分调动课内实验和课外实验资源，使学生掌握科学实验的基本规范、基本方法和基本技能；锻炼学生解决问题的实践能力，提高综合创新能力；培养学生严谨的科学态度、求真务实的学风。要坚持分类建设和进阶建设相统一，创新型和研究性、复合型和综合性、应用型和实用性实验课程相统一。要以能力塑造和成果产出为导向，完善过程考核制度，提升实验深度和广度，强化非标准化、综合性等考核方式。

（四）改革管理理念，提升实验技术人员综合素养

高校要实事求是地根据自身办学条件和目标，设置相应的管理机构，划分对应的职能；要注重领导机构的决策作用和各职能部门的协作机制；要确立以学生为中心、以质量为导向、持续改进的理念，构建全员全程全方位育人的管理格局。实验技术人员是落实学校管理理念、推进实验项目创新、服务引导学生的指路人，是“新文科”建设的重要参与者。实验技术人员综合能力的高低直接关系着实验教学成效的好坏。一方面要制订针对性的培训计划，积极组织人员参加相应研修班和学术交流会；要给实验技术人员创造足够的空间，鼓励他们研究新方法、开发新工具。这个过程中可以吸收专业教师的意见，引进专业教师创造力量。另一方面要完善考核体系，明确和强化实验技术人员服务新文科、保障新文科建设的评价标准，要畅通人员晋升通道和发展渠道，提升他们的职业认同感、奉献感、归属感。

三、新理念下的实践经验

中南财经政法大学在“新文科”建设号角下，学校多方面部署，冲刺“双万计划”，开展质量革命，深化实验教学改革，全面提高人才自主培养质量，着力造就拔尖创新人才。在加强实验室建设，提升实验室管理水平方面做了如下工作。

（一）确立“新文科”实验室建设原则

学校紧紧围绕财经政法深度融通一流人才培养目标，加强实践育人工作，完善实验室管理体制机制，整合实验室资源配置，提升实验室建设水平，推进实验教学新技术应用，开展实验教学改革和研究，共享优质实验教

学资源，坚持以下四项原则：一是坚持顶层设计。落实学校发展战略，加强规划、健全体制、完善制度、明确权责。规范实验室准入、建设、管理、运行、评价流程，实现全链条、全方位、全过程管理。二是坚持育人为本。全面落实立德树人根本任务，以人才培养为中心，构建有利于培养学生实践能力和创新精神的实验教学体系，以高质量实验教学支撑高质量人才培养工作。三是坚持技术赋能。推动实验室建设和实验教学的数字化转型升级，加快信息技术与实验教学深度融合，优化实验教学环境，探索虚实融合的实验教学新生态，拓展实验教学内容的广度和深度，延伸实验教学的时间和空间。四是坚持共享共用。建立健全实验室资源共享的管理制度，通过平台搭建、制度保障、绩效考核、激励机制，推进共建共用、开放共享，促进实验室效益充分发挥。

（二）持续加强高水平实验室平台建设

学校明确了各类教学实验室功能定位，采用系统布局、分类分步、重点建设、均衡发展方式，全面提高实验室建设水平和质量。

一是打造了高水平专业实验室。持续强化经济管理、法学、传媒与艺术三个国家级实验教学示范中心和经济管理行为国家级虚拟仿真实验教学中心建设，保持建设成效在高校同类实验室居领先水平。充分发挥国家级实验教学示范中心的示范引领和辐射作用，推动校内各专业教学实验室平台提质升级，打造了一批特色鲜明、功能完善、资源共享、设施先进、服务到位、管理高效的专业实验室。探索了实验室建设新的增长点，重点做好教育部哲学社会科学实验室、国家重点实验室等培育工作，积极主动服务国家战略，产出重大成果，提高了拔尖创新人才自主培养能力和水平。

二是整合了共享型综合实验平台。建设了全校共享的新文科综合实验室，推进信息技术与实验教学深度融合，为数字化AI课程、知识图谱课程、虚拟仿真实验课程、线上线下混合式实验教学等提供软硬件基础设施保障，实现数字化、互动式、沉浸式实验教学。支持了实验室与科研院所、行业企业等联合共建，主动服务国家战略和区域经济社会发展，深化产教融合、科教融汇、协同育人，推动创新人才培养与行业需求紧密联动。在加强全校实验室设备、场地、技术等资源在教学环节开放共享的同时，推进了实验室面向学生课外科研活动、学科技能竞赛、创新创业、毕业设计实验等项目开放，既面向第一课堂，也面向第二课堂，提高了实验室利用效率和效益。在学校信息管理部门的支持下，整合了全校可用于实验教学的服务器、存储、计算、实验教学软件等资源，建设全校实验室共用的计算平台、基础实验教学软件平台、虚拟仿真实验平台、实验数据库平台等公共服务平台，提高资源使用效益。2021—2024年，学校共有近90个产学合作协同育人项目获教育部立项，涉及基础教育师资队伍培训、实践基地建设等多类型，通过项目的开展可以进一步提升相关实验人员的综合能力，联合企业共建实验室。

（三）深入推进实验教学新技术应用

学校积极响应本科教育数字化战略行动，加快实验教学的数字化转型，推动实验教学理念、组织形式、课程形态、教学模式、学习方式、实验环境等优化、重构与再造。

一是夯实了数字化实验教学支撑基础。学校面向师生需求，推进多层次数字化实验教学环境建设，优化校内主干学科、特色学科数字化实验教学基础设施，联组建设虚拟仿真实验室、智能实践基地，提升数字化平台功能，创设数字化、智能化学习场景，探索基于新技术的互动式、体验式、沉浸式学习模式。

二是丰富了数字化实验教学资源。强化了数字化资源供给能力，加快以大数据、云计算、VR、AI、区块链等新一代信息技术在实验教学中的应用创新，探索与实务部门新技术应用的联动融合、共建共享，加强了数智融合实验教学资源自主研发，建设一批高水平数字化精品实验项目、实验教材、虚拟仿真实验课程、社会实践课程等，积极利用国家虚拟仿真实验教学课程共享平台资源，形成了高质量数字化实验教学资源库。例如，法学院的法学实验教学系统就包含法学类专业的多种实验，学生在宿舍凭账号登录系统即可完成相关实验；各类国家级虚拟仿真实验教学项目，也在实验中心官网留有登录入口。

（四）不断优化完善实验教学体系

围绕拔尖创新人才培养目标，推动了教学理念、实验项目和课程设计由知识传授向能力培养转变，完善了以能力培养为核心的实验教学体系。

一是建设了优质实验课程、实验教材。整合了本科人才培养方案中各类实验课程，夯实基础实验，引入前沿实验，增加综合实验，鼓励创新实验和跨学科融合交叉的高水平实验，立项建设一流实验教学课程，打造实验“金课”。根据学科专业特点及发展动态，及时更新编写了实验教材、实验指导书等，推出了一批融通型实验教材。

二是改进了实验教学方法、实验项目。积极倡导“OBE”（成果导向教育）、“PBL”（项目式教学法）、“CBL”（案例式教学法）等教育教学理念，重点推行基于问题、基于项目、基于案例的实践教学方法和学习方法。积极采用混合式教学、虚实结合等新形式，做到了理论教学与实验教学有机衔接。有计划地更新实验项目和内容，注重将科学研究前沿成果和行业产业先进技术及时转化为实验教学项目，形成了基础实验项目、综合实验项目、创新实验项目、实体实验项目、虚拟仿真实验项目等层次化、模块化、精准化的实验项目体系，全过程、分阶段、循序渐进培养学生实践能力。

三是加强了实验教学改革研究。围绕实验教学体系、教学内容、教学方法等开展了实验教学改革研究，跨学科实验教学项目研究，仪器设备的自主研发和更新改造研究，实验技术方法的创新研究。加强实验教学改革示范推广，将改革成果运用到教学实践中，不断提升实验教学水平。

（五）管理标准更完善、教学队伍更专业

一是强化了实验室安全管理标准化建设。建立健全了实验室安全管理工作体制机制，完善了实验室安全管理规章制度，确立实验室安全分级分类管理、安全风险评估、安全检查与隐患整改、安全条件保障等标准。建设了实验室安全管理信息系统，推进安全管理标准进入信息化业务流程。在规范化、标准化实验室安全建设与管理中，不断增强师生安全意识，培育实验室安全文化，筑牢了实验室安全防线。基于安全教育培训与准入前提下的实验室开放制度更加完善。自2019年起，学校实施大类招生培养方案，学生在大二才会细分专业，为应对培养方案的变更，实验课程设置也作出了调整，专业特性不再明显，反之综合性、交叉性更为突出。学生的自主学习、自主探究、项目开展需要实验室能够给予灵活的开放时间，因此学校设置了实验室预约机制，在保障实验室安全的前提下，充分满足学生的使用需求，进一步提高实验室开放管理水平。

二是培育了高水平实验教学团队。依托国家级实验教学示范中心，打造了具有示范引领性的实验教学团队。通过一流实验教学课程建设，选优配强实验教师队伍和实验技术队伍，推进了实验教学团队提升水平。加强实验教学教师培训力度，注重新教育理念、新教学方法、新教学改革等内容培训，

不断提高教师实验教学水平。鼓励实验教学教师增加实践经历，探索了实验教学教师到实务部门、行业企业挂职交流学习新模式，培养“双师型”专业教师，推进了行业产业新动态、新做法、新技术进实验课堂。

高校实验室建设与管理是一项复杂而又十分重要的工作，在“新文科”建设已经成为文科类院校发展总目标的大背景下，这项工作也可以大有作为。实验室管理工作要紧跟时代要求，瞄准教育教学改革方向，精准发力，创新管理理念，提升管理队伍素养，在“新文科”建设中贡献应有的力量。

第三章　教学质量管理与评价

教学管理的最终目的是保证和提高教学质量。要通过不断改善影响学校教学质量的内部因素（教师、学生、条件、管理等）和外部因素（方针、政策、体制等），通过科学地评价，分析教学质量，建立通畅的信息反馈网络，从而营造并维护良好的育人环境，达到最佳教学效果。高校要增强质量意识，树立正确全面的质量观，坚持严格的质量标准。要坚持德、智、体、美、劳全面发展的观点，知识、能力和素质综合发展的观点，智力因素与非智力因素协调发展的观点。

教学质量管理的前提条件是构建完善的质量保障体系，有了保障体系的支撑才能进一步明确学生学习过程的质量管理、学风建设与学业预警、学习终结的质量管理等方面的要求。其中，学习过程的质量管理主要体现在课程学习过程管理，包括课程考核评价、教学理念的深入实施等；学风建设与学业预警是针对学习过程中存在学业困难的学生进行帮扶，通过有效干预及时把学生拉回学习轨道，弥补缺失学分，达成毕业要求，是教学质量的兜底管理；学习终结的质量管理体现在毕业论文（设计）质量管理，这是学生本科学习的最后一个环节，是检验四年学习成果与能力的重要指标。只有将课程学习过程管理、学风建设与学业预警管理，以及毕业论文（设计）质量管理一同抓好，使其相互连通、顺畅运转，才能够切实有效地保障本科教学质量。

习近平总书记强调："办好我国高校，办出世界一流大学，必须牢牢抓住全面提高人才培养能力这个核心点，并以此来带动高校其他工作。"提高人才培养的能力和质量是高校高质量发展的首要任务。高质量发展要求高校加强质量文化建设，将文化建设与制度建设有机结合，建立以高质量为引领的大学质量文化。从学校定位、培养目标出发，让教师、学生、管理人员深度参与到质量愿景构建、质量保障体系设计、质量标准制定、质量评价等过程中，建设学校薪火相传的红色文化、追求卓越的一流文化、交叉融通的特色文化，真正推动质量文化入脑入心、见行见效，为本科教育教学高质量发展注入内生动力。

第一节　教学质量保障体系建设

坚持为党育人、为国育才，突出人才培养的中心地位和本科教学的核心地位，聚焦学生成长成才和可持续发展，高校可以构建由质量标准、质量监控、质量评价、质量改进四大板块组成的教学质量保障体系。

本科教育教学质量保障体系以"以生为本、崇尚创新、止于至善"的质量保障理念为引领，落实国家深入推进教育管、办、评分离的改革要求。不断强化构建一流本科教育质量保障体系，保证人才培养目标与时代发展需求相适应，人才培养质量与人才培养目标相符合，为人才培养筑牢更加科学、更高水平的体系保障，落实好立德树人根本任务，坚持融通性、创新型和开放式的育人特色。通过设置统一协调的组织机构，将各执行单位在各环节中的教育教学质量管理职能有机地组织起来，形成任务明确、互相协作和互相促进的教育教学质量管理整体；通过目标设定、过程管理、质量监控、跟踪反馈和持续改进等环节，形成闭环。

一、质量标准

质量标准以符合国家、社会、学校，以及师生等利益相关者需求为遵循，以教育教学相关管理制度、专业人才培养方案、课程教学大纲、各教学环节质量标准等为载体，聚焦一流人才培养目标，发挥导向、诊断、基准作用。

教务部门根据学校确立的人才培养目标，持续完善相应的本科教育教学管理规章制度，科学合理制订包括本科专业人才培养方案修（制）订指导意见和课堂教学、实验教学、实习实训、毕业论文（设计）、考试考核、学位授予等本科教育教学各主要运行环节质量标准。其中，专业人才培养方案的制订，坚持以学生为中心、产出导向、持续改进。主要包括培养目标、毕业要求、学制与修业年限、课程设置、实验及实践教学要求、毕业学分与授予学位、课程结构与学分分布比例等内容。课程教学大纲除包括课程基本信息、课程目标和要求、课程内容与学时分配、必要的作业与实践环节、考核方式及成绩评定、使用教材与参考资料等主要内容外，还需要体现课程思政内容。

二、质量监控

质量监控是依据学校本科教育教学规章制度、质量标准和一定的工作程序，对影响教学质量的各种因素和教学过程的各个环节进行监督、检查、评价、指导、反馈，以确保学校的本科教育教学工作按照计划进行并达到学校确定的教学质量目标。质量监控要坚持“守正、创新、务实、笃行”的教学质量价值观，通过自觉、自省、自律、自查、自纠和制度激励、约束，形成质量文化。

质量监控有课堂听课、教学检查、教学督导、教学状态数据采集与分析、教学体验调查、毕业生跟踪调查等形式。其中教学检查和教学督导是最主要的形式，校院两级督导员通过期初、期中和期末教学检查和日常巡查，掌握教师的授课情况、学生的学习情况、教学秩序、课堂教学质量、教学运行管理、考务安排、考试巡查、教学规章制度落实情况；通过听课看课、开展试卷和毕业论文专项检查、召开（参与）座谈会、调查研究、与相关人员（管理人员、教师、学生等）交流信息等方式，对本科教育教学实施不间断常态化督导。

三、质量评价

质量评价旨在发现问题，促进教学改革，持续提高人才培养质量。以培养目标、毕业要求、课程目标的合理性评价确保反向“设计”的科学性，保证人才培养与社会需求的适应度；以培养目标、毕业要求、课程目标的达成性评价确保正向“施工”的有效性，保证人才培养目标的达成度；以学校评估、学院（部）评估、专业评估（认证）、课程评估（评价）、教师教学评价、学生综合素质评价等内部评估（评价）确保质量保障体系的完整性，保证质量保障运行的有效度。

培养目标评价主要评价社会需求的适应度和培养目标的达成度。评价依据为近几届毕业校友职业素养和能力发展与培养预期、毕业生发展预期。培养目标评价主要采取用人单位、校友、专任教师等利益相关方调研的方式定期开展，由各专业具体实施。课程目标评价主要评价学生是否能达到课程目标预期，评价依据为课程教学大纲，评价方式为基于课程过程性考核成绩的直接评价和基于学生调查与任课教师反思的间接评价。

四、质量改进

质量改进坚持问题导向，以质量监控和质量评价工作为基础，以毕业生就业质量年度报告和本科教学质量年度报告等为载体，提出本科教育教学改进发展意见，强化评价结果使用和督导复查，建立持续改进长效机制。

学校每年按时向社会公开发布本科教学质量报告，根据办学特点，认真总结本科教育教学情况，突出教学改革亮点、成就和经验，准确把握存在的问题，全面展示本科教学质量和人才培养状况，积极回应社会关切，主动接受社会监督。教学督导在教学评估、督导、日常检查等过程中强化跟进监督，对教学中存在的问题持续监控，对于相关整改落实工作保持跟踪督导，通过督导反馈会、督导总结会，推动有关部门有效吸收督导提出的意见，切实提升部门治理能力和治理水平，保证本科教育教学质量的持续改进与提高。

第二节　课程学习质量管理

过程性评价着重于对教育教学过程的实时监控与评估，密切关注学生在学习进程中的表现、付出的努力及取得的进步，同时能够及时发现问题并对教学策略予以调整；其更加强调的是个人的成长与发展，而非单纯与他人进行横向的对比，重点在于激发学生的潜能和积极性。因此采用过程性评价衡量课程学习质量是当前广泛应用且行之有效的方法。

在实施过程性评价的实践过程中，需充分把握并认识当前教育教学改革的新趋势与新方向，积极回应新要求。同时，充分结合学校的实际情况，将过程性评价与学校本科人才发展总战略进行有机结合，促使总战略与总目标落地生根。

一、新时代高等教育高质量发展新要求

党的二十届三中全会公报指出，教育、科技、人才是中国式现代化的基础性、战略性支撑。[1] 回应新要求，需要深刻分析当前人才培养特征。于目标格局而言，需主动契合中国式现代化的崭新使命，全方位增强服务科教兴国战略、人才强国战略及创新驱动发展战略的能力，始终坚守为党育人、为国育才的宗旨。在体系结构方面，要全面契合时代新人培育的新任务，致力于造就拔尖创新人才，培育特色显著的融通型人才。就教学方式来讲，必须深刻理解数字化在开拓教育发展新方向和构建教育发展新优势中所扮演的关键角色，它为教育领域的创新和进步提供了重要的突破点，要紧紧把握新一轮科技革命和产业变革的契机，推动数字技术与实体经济的深度融合。在空间拓展范畴，要积极对接全球化进程，推进高等教育的国际化及人才能力素养的国际化，秉持开放包容的育人理念，培育能力卓越、视野广阔的人才。

二、“四化同步”：推进高等教育高质量发展的应然回答

正如第一章本科培养目标所述，“四化同步”人才培养体系立足于当代中国实际，以学科交叉融通培养为突出特色，以数字技术为重要手段，是着眼于未来发展的育人理念。“四化同步”即中国化、融通化、数字化和国际化统

[1] 中国共产党第二十届中央委员会第三次全体会议公报 [EB/OL]. 新华社 .（2024-07-18）[2024-07-21]. http：//www.news.cn/politics/leaders/20240718/a41ada3016874e358d5064bba05eba98/c.html.

筹兼顾、整体布局。其中，中国化是根本，关乎人才培养的政治方向及人才自主培养能力的提升；融通化是显著特色，影响着学校人才培养可持续发展之路的长远程度；数字化是衡量标准，关系到高等教育教学能否顺应数字时代的浪潮，顺利实现转型；国际化是必然趋势，关联着中国教育的国际影响力及推动构建人类命运共同体的进程。

中国化是人才培养的底色，也是人才自主培养的关键靶向。融通化是人才培养的特色，是拔尖创新人才的基本素养。数字化是人才培养的标准，是数字化时代的动力源泉。国际化是人才培养的趋势，是教育取胜于未来的必然选择。

"四化同步"是人才培养的总体纲领，那么"五育并举"则是实现这一总体纲领的具体路径。"五育并举"即重视并实施德育、智育、体育、美育和劳育，促进学生的全面发展。"四化同步"人才培养体系着重强调人才自主培养能力，培养具有家国情怀、国际视野和创新能力的新时代一流人才。通过构建特色鲜明的融通教育体系，将融通理念贯穿人才培养的全过程，培养通专相济的一流人才。借助数字化手段、运用数字化资源，培养学生的数字意识、数字思维和数字能力。运用国际化理念，提升国际化人才培养能力，培养具备国际竞争力的人才。扩大国际科技交流合作，提升学术研究前瞻性。

三、"四化同步"人才培养体系下过程性评价的价值蕴意

2020 年，中共中央、国务院印发《深化新时代教育评价改革总体方案》（以下简称《方案》），强调要"坚持科学有效，改进结果评价，强化过程评价，探索增值评价，健全综合评价，充分利用信息技术，提高教育评价的科

学性、专业性、客观性”[1]，科学阐明了新时代教育评价改革总方法、总要求，着重强调了评价的过程性和借助信息手段的必要性。《方案》的出台既是应对教育领域现存问题的迫切需要，也是顺应时代发展潮流、实现教育强国目标的必然要求，成为教育评价改革的风向标。

（一）教学评价的理论基础

教育过程实质上是一种独特的认知实践，它不仅涉及教师的传授知识，也包括学生的主动学习，共同塑造了一种独特的人才培养机制。通过这一过程，教师能够按照既定目标、计划和结构化的方式引导学生，使学生系统地获取文化和科学知识和相关技能。评价的本质可以简要概括为针对评价对象的一个判断流程，是一个融合了计算、观察和记录等手段的复合分析过程。评价是教学中的关键环节，评价方式对学生学习起到重要引导作用，评教有机结合更有助于教学质量的提升。[2]

传统教育评价方法往往过于注重结果，以考试成绩作为主要甚至唯一的评价标准，具有明显的片面性。这种评价方式忽视了学生的综合素质和个体差异，导致学生的多元智能和个性特长难以得到充分发展。同时，它容易造成教育的短视性，使学校和教师过于追求短期的成绩提升，而忽视了学生的长远发展和核心素养的培养。

过程性评价的兴起和演进与过程哲学和学习心理学的发展紧密相连。过程哲学和过程思维的核心观点是，任何事物的演变都体现了过程与成果的结合，其中过程孕育成果，而成果则是过程的自然产物。学习心理学则强

---

❶ 教育部．中共中央 国务院印发《深化新时代教育评价改革总体方案》[EB/OL].（2020-10-13）[2023-10-11]. http：//www.moe.gov.cn/jyb_xxgk/moe_1777/moe_1778/202010/t20201013_494381.html?eqid=c14fb6220005e127000000066434b53f.

❷ 文秋芳．“产出导向法”与对外汉语教学 [J]. 世界汉语教学，2018（3）：387-400.

调，学习方法不仅是影响学习成效的关键因素，而且也是实现预期学习成果的关键因素。[1]过程性评价鼓励学生积极参与，进行自我评估，与同伴和教师之间的互动评价，通过多样化的评价手段激发学生的主动性和个性，从而促进其学习能力的提升。这种评价方式着重于“过程”与“成长”，对学生的学业发展具有显著的指导作用。评价与教学的紧密结合不仅有助于教师反思和优化教学方法，也鼓励学生更加积极、高效地参与学习过程，增强学生的学习主动性、自我调节能力和自我反思能力。过程性评价通过持续观察和记录学生的学习行为，为学生在特定学科或领域内的知识、技能和素质发展提供即时反馈，持续追踪学生知识构建的进展。包括监测、反馈和持续三个核心要素，分别对应学习的成效、动力和过程三个关键因素。过程性评价不仅关注当前的教学环境，还揭示了当前教学环境对学生未来发展潜力的影响。[2]

（二）过程性评价应用于“四化同步”人才培养的现实意义

正如过程性评价是针对学习者给出的非量化、持续性、反馈性的意见，高等教育的“四化同步”成效也是非定量、发展性、带回馈的。过程性评价机制应用于“四化同步”人才培养体系的重要价值主要体现在以下几个方面。

第一，彰显“四化同步”体系的科学逻辑。过程性评价本身有别于传统唯分数论的结果性评价，通过多方主体、多种维度、多种形式在学生学习的全过程中追踪学习成效达成情况，并对学生进行系统性的判定、反馈、鼓励，提高学生学习热度，树立持续学习意识。在这个过程中，可以重点引导

[1] 李志义，黎青青．过程性评价与形成性评价辨析——工程教育专业认证视角 [J]. 高等工程教育研究，2022（5）：6-11.

[2] 张曙光．过程性评价的哲学诠释 [J]. 齐鲁学刊，2012（4）：69-73.

学生对中国特色社会主义的认同、对新质生产力适配能力养成；借助专业间的“强强联合”、专业与通识融合等形式，提升学生融通意识、构建跨学科知识体系；嵌入数字技术的过程性记录形式，可以提升评价的可溯性和科学性，增强教学管理的数字化治理能力；最后在双语课程、通识课程中融入国际化理念教学、评价，培养学生国际化意识和视野。

第二，激发“四化同步”体系的内生动力。过程性评价提升了学生参与教学活动的积极性和深入度，促进了教师与学生的交流互动，学生可以凭借自己兴趣爱好了解相关知识，教师也可以更好地因材施教。这种因事而立的学习交流方式有助于学生增强政治意识、家国情怀；自省多学科的综合能力与意识；自学数字信息的运用和处理能力；自强国际化视野上的短板。过程性评价通过反馈赋能、及时调整，构建一个循环往复的持续提升过程，以此推动学生在知识、技能和个人素质等方面的全面成长。

第三，提升“四化同步”体系的改革实效。“四化同步”人才培养体系有着先创性，需要在实践中检验并不断优化。通过实施过程性评价，可以精准地捕捉到“四化同步”体系的核心特征。在评价过程中，通过确立关键的观察指标，结合量化与定性分析、教师评价与学生自评等多种评价手段，全面而深入地对“四化同步”教育体系的实施效果进行多角度评价。通过及时向相关管理部门汇报评价结果，责任部门也便于及时调整和优化政策，从而推动培养体系的持续改进与发展。

四、“四化同步”人才培养体系下过程性评价的实践要义

做好“四化同步”人才培养体系下过程性评价的实际运用，是把握好评价的重要抓手。在中国化方面，要注重德、智、体、美、劳五育的评价。观

察和记录学生的思想道德品质、社会责任感、公民意识等方面，并及时给予反馈和指导。在融通化方面，要侧重跨学科能力、实践能力、团队合作能力的评价。评价学生在不同学科之间的知识迁移和应用能力，在运用专业知识进行实践和解决问题的能力，在团队中合作、沟通和领导能力。在数字化方面，要偏重数字化工具运用能力、数据分析能力、数字化意识的评价。评价学生运用慕课、网络平台等开展文献学习、资料获取、撰写报告的能力，运用数据集开展数据整合、数据建模、数据预测的能力，以及在这些过程中养成利用数字思维、借助数字手段处理问题的能力。在国际化方面，要着重语言能力、跨文化交流、开放思维的评价。评价学生在双语课程学习、外语口语训练、外文写作等方面能力，对外来知识、理念进行吸收并蓄的意识。

明确了过程性评价的重点后，还要注意以下几个实践要义。

（一）确定评价目标和原则

教师根据课程大纲要求和学生的实际情况，来确定过程性评价的目标和原则。其中，重点需精准把握评价目标的范围，目标过多会导致轻重不分，徒增评价负担；目标过少则会使考核不够全面，缺乏公正性。因此评价目标除既有课程本身知识点外，还要有“四化同步”人才培养体系下各维度的达成度，并且需要做到适度均衡，有的放矢。确定过程性评价目标的关键还在于：明确课程或教学活动的总体目标，以及每个具体教学单元或活动的目标。这些目标应该与学生的学习需求和发展阶段相适应。考虑学生的发展需求，评价目标应该关注学生的全面发展，包括知识、技能、态度、情感等方面。同时也要兼顾学生的个体差异，确保评价目标能够满足不同学生的发展需求。评价目标还应该与教学内容和方法紧密结合，这样便于客观完整地反映学生在学习过程中对教学内容的掌握程度和对教学方法的适应情况。此外评价目标还应该具体、明确，具有可操作性和可测量性，以便能够准确地评价学生的学习状况。

评价若要全面客观发展地衡量学生学习情况，就需要把握以下三点原则。一是坚持发展性和全面性相统一。过程性评价的目的是促进学生的发展，因此评价应该关注学生的学习过程和进步情况，而非过度依赖与其他个体的横向比较，及时发现学生的优点和不足，为学生提供针对性的反馈和建议，帮助学生不断改进和提高。同时评价应该全面、客观地反映学生的学习情况，包括知识、技能、态度、情感等方面，考虑学生的学习环境和学习资源等因素，避免评价的片面性。二是坚持多样性和及时性相统一。评价应该采用多种方式和方法，不同的评价方式和方法可以相互补充，从而全面、客观地评价学生的学习情况。同时评价应该及时进行，以便学生能够及时了解自己的学习情况，并根据评价结果进行调整和改进，教师也能够及时调整教学策略和方法，提高教学效果。三是坚持公正性和激励性相统一。评价应该公正、公平地对待每一位学生，避免评价过程中的主观偏见和歧视。评价标准应该明确、客观，评价结果应该能够真实地反映学生的学习情况。同时评价应该具有激励性，能够激发学生的学习兴趣和动力。教师应该及时给予学生肯定和鼓励，让学生感受到自己的努力和进步得到了认可，从而更加积极地参与学习。学生“四化”能力重点体现在对事、对物的真实看法上，检验学生是否形成了正确的世界观、人生观、价值观，是否具备了基本专业能力、科学思想信仰和综合处理能力，教师应该多给予学生指导和激励。

（二）选择评价方法和工具

为达成过程性评价的预期目标，教师需精心挑选多样化的评价策略。常见的评价方法包括以下几种：其一，课堂观察。教师在课堂上密切观察学生的学习行为、参与程度及表现状况，及时洞悉学生的学习情况。其二，作业评价。教师对学生的作业进行批改和评价，包括作业的完成质量、准确性、创新性等方面，以及小测验或阶段性考试，以检测学生对知识的掌握程度和应用能力。其三，小组展示。组织学生进行小组讨论并进行展示，评价学生的合作能力、表达能力和思维能力，或让学生参与课程项目，评估他们的解决问题能力、创新能力等。其四，自我评价与同伴评价。在一个阶段的学习结束后，学生对自身或同学在学习过程中的学习方法、学习态度、学习成效进行自我反思与相互评价。其五，教师点评。教师通过口头提问或者观察学生在课堂各环节的表现，了解学生对知识的理解和掌握情况。例如，借助教师点评的方法，教师能够对学生的“四化同步”核心认知能力进行深入评估，尤其是其理解力、知识整合与应用能力，以及批判性思维和创新能力的发展。

支撑不同评价方法实施的背后是不同的评价工具。在过程性评价中，可以利用传统的测试和测验，包括课堂小测验、单元测试、期中期末考试等用来评估学生对知识的掌握程度，以及作业、论文、报告、设计作品等用来展示学生对知识的应用和创造力。教师还可以使用评价表和档案管理，记录学生在课堂上的发言、讨论、小组活动参与情况，观测行为表现、技能掌握情况，并将这些资料形成档案袋，全面展示学生的学习过程和成长轨迹。此外，教师也可以利用现代信息化平台，借助数据分析工具，在智能化评估学生学习效果的同时也确保了评价过程的全面性、客观性和公正性。鉴于不同评价方式与工具间的差异、评价视角的迥异，任何一种评价方法和工具都无法全面展现出学生的收获和实际能力，因此应当尽可能地将不同的评价方法与工具组合起来使用，针对不同学科、课程灵活选用合适的方法。

（三）科学实施评价过程

在教学实践当中，教师依照既定的评价目标与原则，综合运用多种评价手段与工具，对学生的学习过程展开持续且灵活的评估。首先，教师需在本学期课程的首次课堂上，就将本学期的过程性评价方法告知学生，包括有哪些具体形式，以及将会进行多少次评价活动，以便学生提前做好准备。其次，教师应当根据设定的过程性评价方法，精心规划评价内容。评价内容应与教学目标和课程标准相契合，能够精准地反映出学生的学习成果与发展水平。例如，在课外作业中适度引入其他专业内容，如在法学课程中引入经济学知识，以此考查学生的融通能力。再次，教师应该规范有序地组织评价活动，尤其是采用小组评价方式时，要提前安排好小组汇报的主题及各小组的汇报顺序，控制好汇报时长，确保学生在有限的时间内能够充分展示所学知识。最后，教师应及时对评价结果进行数据分析与总结，找出学生的共性问题与个性问题，并向学生传达评价结果，使学生能够清晰地认识到自己的学习状况与成长轨迹。通过评价结果的反馈，教师能够帮助学生识别自身的不足与挑战，并指导学生制定具有针对性的改进措施，进而提升学习成效。同时，教师也能够依据意见反馈调整教学策略，优化教学方法，进一步提高教学质量。

第三节　学风建设与学业预警管理

在当今高等教育普及化的时代，高校学风建设的重要性日益凸显。[1]随着社会的快速发展和知识经济的兴起，高校不仅要培养学生的专业知识和技能，

---

[1] 郭连生，柳贝贝．新时代高等教育背景下大学生学业预警指标体系及帮扶对策研究 [J]. 河南农业，2022（12）：11-14.

更要注重塑造学生良好的学习态度和习惯。然而，当前高校学风建设面临诸多挑战，如学生学习动力不足、学习目标不明确、学习方法不当等。在这种背景下，学业预警机制作为一种创新的管理手段应运而生，旨在及时发现和解决学生在学习过程中出现的问题，促进良好学风的形成。

学业预警机制作为高校教学质量管理的创新手段，其目的在于实现对学生学习过程的精细化管理，帮助学生明确学习目标，避免陷入学习困境，建设良好学风。通过深入剖析学业预警机制如何精准识别学生的学习问题、如何激发学生的内在学习动力，以及如何促进学生之间形成良好的学习氛围，可以为高校学风建设提供更具针对性和有效性的策略。

一、学业预警与学风建设联动机制

（一）学业预警内涵

学业预警机制是指高校针对学生在学习过程中可能或已经出现的问题和困难，通过及时监测、分析和评估学生的学习情况，向学生本人及家长发出警示和提示，告知可能产生的不良后果，并采取相应的防范和帮扶措施，以帮助学生顺利完成学业的一种管理机制。[1]其内涵在于提前发现潜在的学业危机，通过多方协作，促使学生调整学习状态，提升学习效果。当前多数高校以单一学期必修课挂科学分为预警指标，根据挂科学分的多寡来划分不同的预警等级，从而启动相应的预警。程度较轻时，提醒学生端正学习态度并及时补修课程学分；程度较重时，则联系家长协助教育，共同解决学生的学习难题；对于实在无法适应学习的学生直至作出退学处理。

[1] 白学军，原胜，都旭，等.大学生学业失败的预警因素初探[J].天津师范大学学报（社会科学版），2022（1）：70-76.

学业预警不仅是一种警示，也是对学生的一种督促和激励。它促使学生重视自己的学业，增强学习的主动性和自觉性。同时它也体现了学校对学生的教育责任和人文关怀。学校不仅关注学生的学业成绩，更关心学生的成长和发展，通过预警机制帮助学生克服困难，实现学业目标。

（二）学风建设内涵

学风建设是指通过一系列的措施和方法，营造积极向上、严谨勤奋、创新进取的学习氛围和学术环境，以促进学生的学习成长和学校教育质量的提升。学风建设是高等教育质量保障体系的重要组成部分，包括培养学生对知识的渴望和积极主动的学习心态，激发学生的学习兴趣，让他们认识到学习的重要性和意义，从而自觉自愿地投入学习中；教导学生遵守学习规范，掌握科学有效的学习方法，提高学习效率，学会如何制订学习计划、如何进行预习和复习、如何提高课堂学习效果，以及养成终身学习的态度和对知识的尊重和追求。学风建设在高校发展中扮演着至关重要的角色，对高校的长远发展具有深远的影响。学风建设不仅是对学生学习行为的规范，更是一种文化和价值观的培养，良好的学风能够激发学生的学习动力和创新精神，促进学生全面发展，提高人才培养质量。

（三）学业预警与学风建设的互动机制

学业预警与学风建设相互促进、相辅相成，共同致力于提升学生的学习质量和学校的教育水平。一方面，学业预警机制的实施有助于推动学风建设；另一方面，良好的学风环境又能够为学业预警机制的有效运行提供支持。

学业预警能够及时察觉学生在学习过程中出现的不良表现，如成绩大幅下滑、频繁缺勤等。这些问题的暴露为学风建设提供了明确的切入点，使学校能够有针对性地采取措施加以改进。对于收到学业预警的学生，学校会给予更多的关注和个性化的帮扶。这不仅有助于预警学生提高学习成绩，也能在一定程度上对其他学生起到警示作用，促使他们端正学习态度，从而带动整体学风的好转。

另外，良好的学风能够营造积极向上的学习氛围，使学生受到正面的影响和激励，从而减少出现学业问题的可能性，从源头上降低学业预警的发生率。学风建设是一项长期的、系统性的工作，它可以增强学生的学习意识和自我管理能力，并且通过建立一系列规章制度和长效机制，能够为学业预警工作提供稳定的制度保障和工作框架。

学业预警机制与学风建设的互动，形成了一个良性循环，有助于构建一个积极向上、追求卓越的校园学习环境。通过这种机制的深入实施，可以有效地提升学生的学业成绩，培养他们的自主学习能力，同时也为高校的人才培养质量提供保障。

二、学业预警机制对学风建设的积极影响

（一）重塑学生学习态度与信心

学业预警机制通过提前向学生警示可能出现的学业问题，使学生清晰地认识到自身学习状态的不足和潜在风险。这种预警能够在学生心中产生一种紧迫感，促使他们重新审视自己的学习态度和方法。例如，当学生收到成绩预警时，意识到自己的课程不及格数量接近危险线，会感受到即将面临学业危机的压力，从而激发内在的学习动力，主动增加学习时间，提高学习效率。

学业预警也为学生提供了一个反思和调整的机会，让学生重拾学习信心。它促使学生思考自己的学习目标是否明确，学习计划是否合理，进而调整学

习策略，更加积极主动地投入学习中去。一些原本学习动力不足的学生，在预警的刺激下，通过调整学习态度与方法，从被动学习变为主动探索，在点滴进步中逐渐提升自己的学业成绩。

（二）强化家庭与学校协同模式

学业预警机制在家校沟通和共同育人方面发挥着重要作用。通过搭建学校与家长、学生之间的沟通桥梁，学校向家长及时传达学生的学业状况，使家长能够了解学生在学校的真实表现，实时掌握学生学习动态及毕业要求。[1]这有助于家长在家庭环境中给予学生更有针对性的关心和督促。

家长在收到预警通知后，通常会更加关注学生的学习，与学生进行深入的交流，共同分析问题所在，并制定改进措施。同时，家长也能够与学校保持密切联系，通过心理辅导及督促学生假期补习课程与学校共同为学生的学业进步出谋划策。

通过家校之间的紧密合作，形成教育合力，为学生创造一个全方位的支持环境，促进学生端正学习态度，提高学习成绩，培养良好的学习习惯。

（三）落实以人为本育人理念

学业预警机制充分体现了以人为本的教育理念。它不是简单地对学生进行惩罚或批评，而是通过早期干预和帮扶，帮助学生克服困难，实现成长。学校会针对每位预警学生的具体情况，制订个性化的帮扶方案，如安排专门的辅导教师、提供学习资源等。这种关爱和支持能够增强学生的自信心和归属感，让他们感受到学校的关心和期望。

[1] 池振国，崔灏，孙宁 . 浅析实施学业预警机制对高校学风建设的影响 [J]. 天津市教科院学报，2013（3）：23-24.

高等教育的高质量发展离不开对人才的高质量培养。在学生的学习进程中，及时纠正出现偏差的学习行为与方法，扎实地完成学业，掌握良好的学习方法，提升了学生的学业水平与综合素养，同时也为社会培育了更多高素质的人才，满足了社会发展的要求。

三、学业预警机制运行现状

刘美凤以国内十所高校的学业预警制度作为样本，认为我国的学业预警制度存在学业预警时间过于集中、指标内容普遍单一、预警系统信息化建设不够完善等问题。[1] 郭连生则认为学生的学习态度、方法及生源地基础都是影响学业的因素。[2] 张爱然等依据对 66 名学困生的访谈结果发现，致使学业困难的原因不但在于学生自身，更受到学校、社会与家庭的外部环境的影响。[3] 武传钟和张萍将学业困难的影响因素分为主观原因和客观原因两个方面，主观原因则是指学生自身的学习目标缺失，学习主动性不高等；客观原因主要指家庭、学校环境和教育方式不当等因素所造成。[4] 基于诸多研究成果及实践经验，可以认为当前高校学业预警面临以下挑战。

（一）预警指标简化，工作形式单一

2007 年，教育部将“学业预警”列为汉语新词并予以颁布使用，自此，

---

❶ 刘美凤 . 高校本科生学业预警制度研究 [D]. 西安：陕西师范大学，2017.

❷ 郭连生，柳贝贝 . 新时代高等教育背景下大学生学业预警指标体系及帮扶对策研究 [J]. 河南农业，2022（12）：11-14.

❸ 张爱然，姚有利，彭英健，等 . 工科专业学生学业预警分析及帮扶措施研究 [J]. 大同大学学报（社会科学版），2021（4）：136-141.

❹ 武传钟，张萍 . 高校学业困难生心理危机的成因及防范举措 [J]. 学校党建与思想教育，2013（19）：78-79.

高校陆续开始探索构建学业预警制度。目前，大多数高校的学业预警机制形式颇为单一，仍将学分视作唯一的指标。以某大学为例，每学期进行一次学业预警，依据必修课累计的未获学分来划分学业预警等级。这种以学分为指标的预警制度，并未充分顾及学生的生源差异、学习态度及身心状况等要素，难以精确地反映出学生的实际情形。同时，把未获得必修课学分当作评价指标，仅仅涵盖了未获取学分的学生，对于那些勉强通过课程的学生难以发挥警示效用。

对于出现学业危机的学生，高校常常也是通过发送通知或邮件来告知学生处于学业预警状态，抑或下达预警通知书，没有帮助学生分析造成学业危机的主客观原因，没有根据学生的具体学科、年级和个人特征进行定制学业规划，工作形式单一，缺乏灵活性和针对性。

（二）预警程序滞后，前置流程不足

部分高校的学业预警存在不及时的问题，往往是在学生的学业问题已经较为严重时才进行预警，属于事后补救。例如，当学生多门课程不及格或者累计学分缺失较多时，学校才启动预警机制。这种事后预警使得学生错失了在问题初期进行调整和改进的时机，增加了后续解决问题的难度和成本。而且，事后预警可能会让学生产生较大的心理压力，甚至对学业失去信心。

高校往往在学生刚出现一些轻微的学业不良迹象，如偶尔旷课、作业完成质量不高时，没有相应的监测和预警机制，未能及时给予提醒和帮助。此外新生入学时，没有充分的学业规划指导和适应教育，导致学生对大学的学习方式和要求不明确，也容易在初期就出现学习迷茫和失误。

（三）预警帮扶不佳，全员参与缺位

在实施学业预警后，后续帮扶措施不足的情况也较为常见。部分高校在发出预警后，未能及时为学生提供针对性的辅导和支持。造成学业困难可能是学习方法不对，也有可能是存在心理压力等。高校往往采用诸如一般性课程辅导之类较为一贯和笼统的帮扶方式，未能充分考虑每个学生的具体情况和需求，而且在面对大量需要帮扶的学生时，显得力不从心、资源不足。帮扶工作多半在下学期初开始，持续时间短，没有形成长期的跟踪和支持机制，一旦学生在短期内表现有所改善，帮扶就停止了，这不利于学生长期保持良好的学习状态。

部分教师可能认为学业预警只是辅导员或学校管理部门的工作，自己只负责教学，对学生的学业困难关注不够。有些家长在收到学业预警通知后，因忙于工作没有给予足够的重视，或者由于距离较远、沟通不畅等原因无法有效地参与到学生的学业帮扶中来。部分学生也对学业预警存在抵触情绪，不主动配合学校和教师的帮扶工作，自我改进的动力不足。

四、学生被预警原因分析

（一）内在因素

学生的生源地差异和能力基础是影响学业的重要内在因素之一。来自不同地区的生源，其基础教育水平可能存在较大差异，这直接影响学生进入高校后的学习起点。在教学实践中一些来自教育资源相对薄弱地区的学生，在数学、英语等公共课明显存在着学习困难，容易挂科。由于中学阶段的知识储备与大学阶段的专业能力间存在“代沟”，有些学生在逻辑思维、语言表达

或学术研究等方面的基础较为薄弱，在面对较为复杂和深入的课程时，感觉吃力，学习困难。

学生自身的兴趣偏向、学习态度、方式方法及心理健康都是影响学习效果的重要因素。部分学生由于对大学专业不了解，选择了自己既不擅长也不喜欢的专业，学习过程中缺乏兴趣和激情，学习动力也就不足。还有部分学生在学期初觉得考试还早，打算考前突击，不认真听课，到勤率和作业完成率不高，导致“临时抱佛脚”策略失效。高中阶段主要是以应试教育为主，学生受到教师严格的督促与管理，属于被动学习；然而大学教育属于素质教育，需要学生自主学习，对学生的独立思考能力及自我约束有着极高的要求，部分学生未能及时转变学习方式方法。在学业“内卷”愈演愈烈之际，学生承受了过多的心理压力，由此引发的焦虑、紧张等情绪深深困扰着学生的学习生活，此外性格本就孤僻、内心敏感的学生在学习交流中也会遇到重重阻碍。

（二）外在因素

高校的教学管理模式、学习氛围都会对学生产生较大影响。部分高校过于相信学生自我管理、自我学习能力，从而忽视了对新生开展适应性教育，缺少教学指导，导致学生迷茫期过长，耽误学习。也有些高校在教室、教师等资源有限的前提下，将课程安排得过于紧凑，学生难以消化吸收知识，致使学习效果不佳。此外，学校在课堂纪律管理、考风考纪管理、优良学风营造等环节上的不足，也让学生产生了侥幸心理。

在互联网大爆发的时代，各种社交软件、网络游戏、短视频等娱乐内容充斥着学生课外时间，自我控制力的缺乏加之宽松的学习环境，造成部分学生长期沉迷于虚拟网络世界，追求精神上的愉悦，对现实社会采取躲避、远离的态度，最终荒废了学业。

五、学业预警机制的构建

（一）建立多维预警机制

首先是针对学生，做好新生适应性教育，开展校情校史教育，使新生知晓学校发展的历程及所取得的辉煌成就，增强学生的责任感与使命感；做好学业指导与专业规划工作，帮助新生尽快找寻适合自己的学习方法，明确专业学习目标；深入开展大学教学管理制度教育，引领学生了解培养方案、评优评奖等制度，提前对大学发展进行规划。通过开展相关的培训和辅导活动，引导学生端正学习态度，帮助他们学会自我评估学习状况，主动发现问题并及时调整学习策略。

其次是针对学校，守好主体责任，完善学业监测系统，建立以学生学习行为、成绩表现、课堂参与度等多维度数据为基础的预警指标体系。通过数据分析，准确识别学生可能面临的学业风险。同时，学校要制定明确的预警标准和流程，确保预警工作的规范性和公正性。例如，以上一个学期必修课所获学分范围或所有课程考核不合格双重条件，设置四档预警级别，且针对毕业年级学生设有专门的预警方式。对于预警工作程序也从学生面谈、家长面谈、预警档案管理等多方面进行规范化管理，做到科学严谨、行之有效。

最后是针对家长，配合学校做好学生心理健康和精神支持，持续关注学生在校学习情况、假期在家补习状态，与学校共同督促学生端正学习态度，提高学习效率。

通过构建“学生—学校—家长”三级学业预警保障网络，督促学生自觉学习、自我反思、自我调整，激发内在潜力，最终消除学业预警，顺利完成学业。

（二）建立全过程的学习监督体系

在学习过程中，要建立常态化的课堂监督。在学期初，任课教师应向同学们强调课堂纪律，规范教学活动，严格记录学生的课堂出勤、参与度等情况，将缺勤率高、作业完成度低的学生反馈给辅导员。通过班级导师，为学生提供定期的一对一学习指导和咨询，及时发现学生在学习过程中的问题和困难。

在学期中段，任课教师可以组织阶段性的学业测试或小论文、项目报告等形式的考核，及时了解学生对知识的掌握程度和应用能力，对于出现问题的学生及时给予警示和辅导。

在学期末，可以组织答疑会、学习互助会等活动形式，帮助学习困难学生做好课程复习，避免挂科。

建立全过程的学习监督体系需要从整个学期的各个阶段进行精心设计和严格执行，形成一个有机的整体，确保学业预警工作的有效性。

（三）建立全员参与的帮扶机制

针对学业预警学生，可以由各学院成立学业指导工作小组，以书记、院长为组长，分管本科教学工作和分管学生工作的负责人、班级导师、教学秘书、辅导员等为成员，具体负责本学院学生学业预警工作。班级导师或辅导员对照培养方案和毕业要求帮助学生制订有效的选课和重修计划。班级导师定期与被预警学生沟通，认真分析其学业落后的具体原因，与其共同制订学业提升计划，定期对预警学生学习情况进行检查和督促，以增强其自信心和学习主动性。班级导师可邀请班委代表或班级同学代表参与被预警学生的学业帮扶活动，帮助并监督被预警学生完成选课和重修计划，学院可对参与帮扶活动的学生给予物质和荣誉激励；学院还可针对特定课程开设辅导班或组建课程学习小组，帮助预警学生提高和进步。

学风建设与学业预警是教学质量管理的重要组成部分，高校要充分运用预警机制，深入剖析学生学习困难的成因，积极采取多形式帮扶举措，对症下药，扭转被预警学生的颓废之势，营造良好学风，提升学校整体育人质量。

第四节 毕业论文（设计）质量管理

本科毕业论文（设计）是教学过程中的一个重要环节，是培养学生综合运用所学知识与技能进行科学研究的重要手段，也是检验学生专业理论知识和技能掌握程度的重要标准之一，还是教学质量管理的重要组成部分。

2020年中共中央 国务院印发的《深化新时代教育评价改革总体方案》指出，“改进本科教育教学评估，突出学位论文（毕业设计）指导”“探索学士学位论文（毕业设计）抽检试点工作”。[1] 2020年年底教育部发布《本科毕业论文（设计）抽检办法（试行）》（教督〔2020〕5号）文件，再次突出强调“本科毕业论文抽检应重点对选题意义、写作安排、逻辑构建、专业能力以及学术规范等进行考察”。[2] 可以清晰地看到，提高本科毕业论文（设计）质量是新时代高等院校无法回避且必须正视的课题；深入剖析当下本科毕业论文（设计）质量管理的现状，并探寻提升管理质量的策略，是各高校义不容辞的责任。

---

[1] 中共中央 国务院印发《深化新时代教育评价改革总体方案》[EB/OL]. 中国政府网 .（2020-10-13）[2023-09-27]. https：//www.gov.cn/zhengce/2020-10/13/content_5551032.htm.

[2] 教育部关于印发《本科毕业论文（设计）抽检办法（试行）》的通知 [EB/OL]. 中国政府网 .（2020-12-24）[2023-09-27]. https：//www.gov.cn/zhengce/zhengceku/2021-01/07/content_5577651.htm.

一、保障本科毕业论文（设计）质量的重要性

（一）本科毕业论文（设计）是本科阶段学习的总结和升华

本科毕业论文（设计）是学生在本科阶段学习的最终成果展示，它涵盖了学生在大学期间所学的专业知识、技能和方法。通过毕业论文（设计）的撰写，学生能够系统地梳理和整合所学的知识，将各个阶段知识点有机地联系起来，形成一个完整的知识体系。在这个过程中，学生需要对所学的理论进行深入地思考和分析，结合实际问题进行研究和探讨。学生需要运用所学的知识和方法，提出自己的观点和见解，并通过论证和推理来支持自己的观点。这不仅要求学生对知识有深刻的理解，还需具备独立思考和创新能力。

此外，本科毕业论文（设计）也是学生对自己学习成果的一次检验和总结。通过撰写论文，学生能够发现自己在学习中存在的不足之处，进一步巩固和加强自己的知识和技能。同时，论文的撰写也能够培养学生的学术素养和写作能力，为今后的学习和工作打下坚实的基础。本科毕业论文（设计）体现了学生的学术水平和综合素质，是学生迈向更高层次学习和研究的重要里程碑。

（二）本科毕业论文（设计）是学术能力和实践能力的再锻造

本科毕业论文（设计）不仅要求学生具备扎实的专业知识，还需要具备较强的学术能力和实践能力。在论文的撰写过程中，学生需要学会如何开展科学研究，包括进行文献查阅、选题、数据收集和分析及实验设计和实施等工作；同时也需要学会准确地提出问题，并对问题进行深入的分析和探讨，

找出问题的根源和本质，包括能够在已有研究的基础上，提出新的观点、方法或见解，展现出一定的创新意识和创新能力；在论文的撰写过程中要具有学术规范写作能力，运用严密的逻辑推理，论证自己的观点和结论，使论文具有较强的说服力。

确定研究主题和方向后，学生还需要通过实践操作，将理论知识应用于实际问题的解决中，提高自己的实践能力和解决实际问题的能力。具体需要能够设计合理的实验方案，并熟练地进行实验操作，获取准确的实验数据；能够通过实地调查、问卷调查、数据分析等方法，收集相关的数据，并对数据进行科学地处理和分析；能够将毕业论文（设计）的研究成果应用于实际工作或社会实践中，体现出论文的实际价值和应用价值。

二、本科毕业论文（设计）管理中存在的问题

（一）选题不合理，写作质量不高

选题是本科毕业论文（设计）的起点，其科学性直接影响论文（设计）的质量和价值。然而，查阅相关文献发现，大多数高校管理过程中毕业论文选题存在诸多问题。一是部分学生的选题与本专业的培养目标和课程内容关联不大，无法体现学生对专业知识的掌握和应用能力。[1]二是选题过大导致学生在有限的时间和能力范围内难以深入研究，或选题过小使研究内容过于局限，缺乏一定的深度和广度。[2]三是一些选题重复陈旧，缺乏对前沿问题的关

---

[1] 成兵．财务管理专业本科毕业设计（论文）质量管理探讨 [J]. 中国市场，2008（52）：104-105.

[2] 孟梅，范世东，陈永志．高校毕业设计论文质量管理的研究 [J]. 武汉理工大学学报（信息与管理工程版），2007（1）：83-86.

注和探索，脱离实际，难以激发学生的研究兴趣和创新思维。❶

在论文正文中也发现写作质量不高的现象。首先是低级的错误诸如语法错误、用词不当、表述不清等问题直接影响了论文的可读性和专业性。其次是论文的章节安排不合理，论文结构“头重脚轻”、详略不当、缺乏条理，论证过程不严密，前后逻辑不一致，使读者难以理解作者的观点和思路。再次是学生对研究问题的分析不够深入，论点不鲜明、论证不充分，仅仅停留在表面现象的描述，缺乏对问题本质的探讨和思考。❷论文的内容也可能过于狭窄，没有充分涵盖相关的领域和知识。最后，是在参考文献引用方面，存在格式不正确、数量不足、引用陈旧文献等问题，影响了论文的学术性和可信度。

（二）过程管理缺乏监督，质量保障体系不完备

在毕业论文（设计）的实施过程中，一些高校缺乏有效的监督机制，对学生的选题、开题、中期检查、论文撰写等环节的监督不够严格。初稿意见与定稿评语雷同；开题报告书、初稿、定稿、答辩时间填写不规范，存在提交定稿的时间早于初稿时间、定稿评语签署的时间早于收到定稿的时间等时间顺序倒置的情况；答辩记录不完整，存在缺少学生对提问的回答记录、缺答辩小组成员和答辩组长签字、无答辩领导小组组长审查意见；部分论文档案中存在没有直接反映论文总成绩的现象。

一些高校在毕业论文（设计）的质量保障方面缺乏完善的体系，没有明确的质量标准和评价指标，对论文（设计）的选题、开题、写作、答辩等环

❶ 刘丹 . 计算机类专业本科毕业论文（设计）质量管理工作探析 [J]. 科技风，2019（36）：204.

❷ 陈锡坚 . 应用型高校本科毕业论文（设计）质量管理与评价的探索 [J]. 肇庆学院学报，2024（4）：110-117.

节的要求不够明确和具体；对毕业论文（设计）的评审和答辩环节不够严格，导致一些质量不高的毕业论文（设计）也能够通过评审和答辩。对毕业论文（设计）的质量反馈和改进机制不够健全，无法及时发现和解决毕业论文（设计）中存在的问题，也影响了毕业论文（设计）的质量。

三、影响本科毕业论文（设计）质量的因素

（一）学生层面

一是思想认识不够，投入精力不足。部分学生对毕业论文（设计）的认识不够深刻，认为毕业论文（设计）只需通过即可顺利毕业，而不像以往的课程成绩那样会影响绩点、排名及评优等。他们缺乏精益求精的意识，仅仅抱着浅尝辄止的态度，既不深入探究问题，也不仔细思忖数据的准确性与可靠性。此外，在进行毕业论文（设计）撰写时，正值人才招聘会如火如荼地举行，或者升学考试紧张备考之际，甚至有些学生还有课程正在修读。在这些情况下，学生不得不分散大量精力去完成其他事务。

二是知识掌握不够，写作能力不足。毕业论文（设计）是综合运用基础知识、专业能力及科学方法进行研究，解决实际问题、展示学术能力和创新思维的重要途径。知识犹如深厚的底蕴，倘若学生对专业知识的理解仅停留于表面，缺乏深入的钻研和系统地把握，那么在撰写论文时就难以展现出深刻的见解和全面的分析。因此没有扎实的专业知识，毕业论文（设计）只能泛泛而谈，成为空中楼阁。缺乏语言组织、逻辑梳理、归纳演绎等写作能力也会影响其质量。部分学生无法清晰地阐述论点、论据和论证过程，导致论文的逻辑关系不紧密。

（二）教师层面

一是指导教师重视不够。高校教师多数面临着较重的科研压力，同时还承担着若干课程的教学任务，自身精力有限，导致投入学生论文（设计）指导中的精力明显不够。这些因素对学生毕业论文（设计）质量的影响体现在多个方面：首先，教师若在论文（设计）选题、研究方法、数据分析等方面无法给予学生充分的引导和帮助，那么学生在论文（设计）写作（创作）过程中便会感到迷茫，不知从何处着手。其次，教师与学生交流沟通的时间和频次较少，不能及时回复学生的疑问、了解学生的写作状态，也会影响论文（设计）的质量和进度。最后，如果教师降低对学生论文（设计）的要求，对论文（设计）的内容、结构、格式等方面的审查不严格，也会直接影响毕业论文（设计）的质量。

二是指导教师配比不足。一方面，由于扩招而导致师生比下降；另一方面，部分资历深厚的教授不愿意指导本科生，使得本科毕业论文（设计）的指导教师配比不足。最终导致指导教师工作量过大，精力分散，顾此失彼，无法对每位学生进行细致深入的指导。

（三）学校层面

一是质量监管不严格。首先，部分高校仅仅在时间安排上明确了各个阶段的工作进度，然而对于初期选题、中期检查、后期写作答辩等环节缺乏明确的要求[1]，对于选题现实意义、写作结构安排、内容逻辑构建、专业能力展现，以及严格学术规范等细节缺乏规范性的指导。其次，在制度执行方面存在“打折扣”的现象。例如，由于论证不充分、审核不细致、把关不严格等

[1] 成兵.财务管理专业本科毕业设计（论文）质量管理探讨[J].中国市场，2008（52）：104-105.

原因，导致学生选择了不恰当的题目，后期研究过程中不得不重新更换选题。由于多种原因，新选题缺少了选题会讨论流程。最后，为了赶上答辩日程，部分未经查重的论文也出现在答辩会上，形成了“先答辩后修改查重”的状况。

二是评价体系不健全。首先，自查和抽查机制不完善，既无法对学生在撰写毕业论文（设计）的过程中形成震慑力，也无法及时发现撰写过程中暴露的问题，往往使得问题积聚到最后答辩环节。其次，反馈机制不畅通，无法形成良性互动。学生在毕业论文（设计）各阶段遇到的诸如时间要求紧、实验资源不足、文献资料不全等问题反馈至学校后无法得到及时改进。最后，评估和评优手段不充分，不能激发学生提升写作质量的动力。当前部分高校在答辩成绩评定时，答辩现场成绩占比过高，指导教师过程成绩和评阅教师成绩占比过低，不能科学反映学生研究成果和论文质量。学生论文（设计）推荐为优秀毕业论文（设计）后，学生和指导教师的奖励不够，获得感不足。

四、提升本科毕业论文（设计）质量的策略

（一）创新机制，培养学生创新能力和写作能力

本科毕业论文（设计）本质是学生的一份学术成果，可以探究以调研报告、大学生创新创业训练项目、公开出版物上独立发表学术论文等形式，在字数符合要求且内容与所学专业相关的前提下，经学院严格审核，报教务部门复核通过后替代本科毕业论文（设计）。此方式能够有效激发学生的自我研究动力，在兴趣爱好的驱动下，促使学生对研究课题进行更扎实、更深入、更透彻的探索。

学生是毕业论文（设计）创作的主体，其态度、能力都是影响论文（设

计）质量的因素，因此必须充分调动学生积极性，端正其态度，重视毕业论文（设计）的写作（创作），努力提升所需能力。一是要注重创新能力训练。要培养批判思维和独立思考意识，使学生能够敢于挑战传统观念形成独特的见解和观点，能够发现问题本质提出创新性的解决方案。要积极参与专业教师的学术研究和科研项目、踊跃参加大学生创新创业训练项目及其他校内学生科学研究项目，学习研究方法，提高其文献检索、数据分析和逻辑论证的能力。还要注重理论与实践相结合，真题真做，在充分体现专业培养特点和培养方向的基础上，进一步拓展专业深度和广度，学会思考解决与社会问题、生产实际紧密联系的难点或前沿问题。

二是要注重写作能力训练。要认真对待教学过程中的专业论文训练环节，如课程小论文、学年论文、课程实习报告、认识实习报告、生产实习报告和社会实践报告等，注重写作能力的培养。要能够组织合理的论文结构，运用恰当的语言、严密的逻辑和充分的论证将研究成果准确、清晰地表达出来，其中包括组织思路、构建论证和衔接段落的能力。要严格遵循学术规范，养成良好的学术素养，如引用格式、参考文献的标注等，能够严格遵守学术诚信，坚持原创，使论文具有较高的学术可信度。

（二）强化指导，提高教师重视程度和指导水平

指导教师在本科毕业论文（设计）中起着主导和引领的作用，学校需要强化对教师的管理与服务工作，督促其重视毕业论文（设计）指导工作，努力提高指导水平。

可以明确教师在选题、研究方法指导、论文（设计）修改等方面的具体职责。要求教师在选题阶段与学生充分沟通，确保选题具有可行性和创新性；在研究过程中，定期检查学生的研究进度和方法应用的合理性，保持与学生

沟通交流的必要频次，关注并及时解决学生研究中的困惑和难题，同时做好评语记录；在论文（设计）修改环节，对论文（设计）的内容、结构、语言等方面进行细致指导。

学校要从制度上动员资深教师参与毕业论文（设计）指导，扩大教授、副教授参与指导比率，限定每位指导教师指导论文（设计）上限数量；鼓励指导教师积极参与科研活动，加强师风师德修养，提高业务素养。指导教师要注意指导的方式方法，避免填鸭式教育，不仅要引导学生对熟悉问题的解决，也要引导学生如何发现问题、提出问题、分析问题、解决新问题，既授人以鱼，更要授之以渔。指导教师还应注重培养学生的学术素养，包括学术道德、规范的写作格式、严谨的论证逻辑等，教师可以通过言传身教，引导学生树立正确的学术观念，遵守学术规范，增强学术诚信意识。

（三）健全制度，构建全过程全方位监管体系

全过程全方位监管关键在于制度与组织的协同作用。首先，建章立制、强化顶层设计。要根据校情和全校专业共性，科学制定《本科毕业论文（设计）管理办法》，对组织机构、部门分工、指导教师条件资格与职责、选题要求、学生任务、写作进度、答辩流程、存档要求等方面进行详尽的指导与约束，确保标准合理、有章可依。制定《本科毕业论文（设计）撰写基本规范》，从学术要求、格式规范、章节层次、文字重复比率等方面给予师生模板式指导。要成立校院两级的领导小组负责整个毕业论文（设计）工作的组织和协调，校级领导小组全面负责制订计划、开展指导检查、协调教学资源、上报抽检数据等工作；院级领导小组负责审定本院各专业毕业论文（设计）选题、分派指导教师、监控指导过程、检测文字重复率、组织答辩、质量评估及存档等工作。

其次，以评促建，规范评价体系。严格遵循《本科毕业论文（设计）抽检办法（试行）》及新一轮本科教育审核评估目标导向，构建科学规范的评价体系，对本科毕业论文（设计）质量进行全方位的评估与鉴定。评价体系在肯定工作成果的同时能够及时发现问题，经由畅通的反馈渠道妥善解决问题。学校组织督导和有关专家，采取重点查和全面查相结合的方式，通过现场翻阅材料和听取学院汇报等形式，对毕业论文（设计）质量进行评估，促使各方将毕业论文（设计）工作重视起来、有效组织起来。通过优秀本科毕业论文（设计）评比活动，给予学生精神和物质奖励，给予指导老师工作量、职称评定等方面的加分，充分调动师生做好做优毕业论文（设计）的积极性。

最后，信息赋能，加强系统建设。管理系统的信息化是毕业论文（设计）质量提升工作的前提和保障。毕业论文（设计）管理工作繁重、涉及学生面广、劳动重复率高、时间节点控制严格，这些都是传统线下方式难以应对的。借助信息管理系统，高校能够促进论文选题、教师指导和评阅、过程管理清晰化，预防写作中出现的非正常引用、抄袭等学术不端行为。信息管理系统实现了师生在线提交和审核相关材料等功能，减少了纸质文件的传递和存储，提高了管理效率；管理人员随时查看学生完成进展、教师指导意见，及时发现问题并进行干预，加强了过程监控。信息管理系统还可以对毕业论文（设计）的相关数据进行统计和分析，如选题分布、成绩分布、指导教师工作量等。对这些数据进一步加工可以为学校的教学管理提供决策依据，帮助学校改进教学质量，提高毕业论文（设计）的管理水平。

第四章　教学基本建设管理

教学基本建设包括学科建设、专业建设、课程建设、教材建设、管理制度建设、信息系统建设等。它们是保证教学质量的最重要的基础性建设，应以学校发展目标和总体规划为依据，统筹安排，精心组织，扎扎实实地坚持下去。在各项基本建设中要不断提出改革措施，创造稳定、良好的教学环境。

学科和专业建设。学校应制订科学的学科与专业发展规划以拓宽本科生的专业视野和基础知识。对于具有相同学科基础的专业，应考虑合并，以增强学生的适应能力。同时，要维持并提升基础学科的水平，实现基础学科与应用学科的良性互动；注重应用学科和专业的建设，培养具备复合技能的人才；更新传统学科和专业，适度推进新兴学科和交叉学科的发展；并充分利用学校的优势，打造特色鲜明的教育项目。此外，应根据学科发展趋势和社会需求，定期调整专业设置、专业方向、培养目标和教学内容。要以创新发展理念加强学科、专业内涵建设，着力打造“金专”。推动现有专业改造升级、优化再造，着力推动经法管主干学科和一流专业提质创新，进一步突出特色、强化优势。紧跟科技革命和产业变革新趋势，促进专业建设与现代技术的深入融合，在已有的融通专业基础上进一步推动文理、文工、理工等专业交叉、融合、创新，寻求新的专业增长点。

课程建设。课程建设应基于深入的理论研究，明确目标、任务、指导思想和原则。制订教学规划，实施有计划、有目标、分阶段、分层次的系统建设。以优秀课程建设为核心，深化教学内容和课程体系的改革。重视系列课程的构建，优化专业课程结构。将重点课程建设和优秀课程评选作为整体工作的一部分，坚持评价与建设相结合，以建设为主。要立足经济社会发展需求和人才培养目标来持续优化、重构课程体系。切实落实以学生为中心、产出导向、持续改进的课程建设理念，不断提升课程的高阶性，突出课程的创新性，增加课程的挑战度，以一流课程的申报和建设为抓手，依托人文社科类专业特色和学科优势，积极构建既有理论课又有实践课，既有公共课又有专业课的覆盖线下、线上、线上线下混合、虚拟仿真和社会实践等各类课程的全景式“金课群”。

教材建设。制订切实可行的教材发展规划，加强各类教材的规划工作，包括文字教材、实物教材和视听教材。在选择推荐教材、自编教材或其他辅助教材时，应注重教材的质量。鼓励使用国家认可的优秀教材，并结合教学内容的改革和课程建设，根据教学大纲精心编制讲义或自编教材。同时，进行教学质量评估和优秀教材评选，不断提升教材的质量。需要深刻认识教材铸魂育人、关键支撑、固本培元、文化交流等功能和作用，以打造特色鲜明的精品教材为根本导向，把牢方向，守好阵地，科学谋划，加强保障，突出特色，强化优势，努力打造与学校人才培养目标相适应的科学化、特色化教材体系。

信息系统建设。高校信息系统建设对于提升高校管理效率、教学质量和服务水平具有重要意义。教学管理系统是高校信息系统的核心部分，用于支持教学活动的组织和管理。它通常包括课程安排、学生选课、成绩管理、教学资源库等功能。信息系统的建设可以推动教育理念更新、模式变革、体系重构，实现教育现代化。

第一节 财经政法融通专业建设

2019 年 4 月，教育部、科技部、工业和信息化部等 13 个部门决定实施“六卓越一拔尖”计划 2.0，明确提出全面推进新工科、新医科、新农科、新文科建设。[1] 2020 年 11 月，教育部新文科建设工作组发布的《新文科建设宣言》明确提出，提升综合国力、坚定文化自信、培养时代新人、建设高等教育强国、文科教育融合发展等均需建设新文科。[2] 杨灿明教授从四个维度剖析了“新文科”的“新”任务，从时间维度上就是文科要从中华民族五千多年文明中挖掘伟大文化的价值，从空间维度上就是文科要产生中国思想、发出中国声音、提出中国方案，在世界观、价值观维度上就是强调文科教育应注重价值层面而非知识层面，在认识论和方法论维度上文科要适应科学技术发展、拥抱科学技术。[3]

“新文科”建设是时代发展的必然要求。随着信息技术的飞速发展和全球经济格局的深刻变化，传统文科教育面临着诸多挑战和机遇。一方面，知识经济时代对人才的综合素质和创新能力提出了更高的要求，单一学科的知识结构已难以满足社会发展的需求；另一方面，新兴技术如人工智能、大数据等在各领域的广泛应用，促使文科与其他学科的交叉融合成为必然趋势。

专业是人类社会经济进步、科学技术发展及日常生活与生产活动中用于界定特定群体在一定时期内所从事的特定业务活动及其规范的术语。专业亦

[1] 教育部 . 教育部启动“六卓越一拔尖”计划 2.0 助力打造质量中国 [EB/OL].（2019-04-30）[2023-10-12]. http：//www.moe.gov.cn/jyb_xwfb/xw_zt/moe_357/jyzt_2019n/2019_zt4/tjx/mtjj/201904/t20190430_380238.html.

[2] 教育部 . 新文科建设工作会在山东大学召开 [EB/OL].（2020-11-03）[2024-01-21]. http：//www.moe.gov.cn/jyb_xwfb/gzdt_gzdt/s5987/202011/t20201103_498067.html.

[3] 杨灿明 . 对从四个维度来看新文科之“新”[J]. 中国高教研究，2019（10）：11-12.

是高校根据社会分工的需求而设立的学术类别。基于此，专业充当着学业与职业之间的桥梁。专业的发展定位，不但要彰显经济社会发展所引发的学科学术发展之要求，还需思索专业发展的集群生态系统，更要结合学校的办学定位，以及人才成长规律来明确专业人才的培养目标。

在经济全球化和社会法治化不断发展的背景下，财经政法融通专业建设的必要性日益凸显。经济活动的复杂性和多样性需要具备跨领域的知识和能力，法制治理过程中涉及的经济问题也愈发司空见惯，单纯的财经知识或法律知识已难以应对现实中的复杂问题。因此，培养既懂财经又懂政法的复合型人才，能够更好地适应社会发展的需要，为经济社会的发展提供有力的支持。财经政法融通的教育理念还能够促进学科间的交叉研究，开辟新的研究领域和方法论，从而推动学术创新和专业集群的整体提升。

一、新文科背景下财经政法融通的理论基础

（一）跨学科理论的发展

跨学科研究是一个渐进的学术发展过程，其形成和成熟经历了一个长期的演化过程。在早期学术发展阶段，学科界限清晰，各学科在各自独立的领域内精耕细作。但随着社会问题的复杂性增加和知识的累积，单一学科的局限性开始显现，这促使学者们寻求跨学科的解决方案。

自20世纪中叶以来，跨学科研究逐渐成为学术界的一股新潮流。不同学科间的交流与合作日益频繁，推动了知识的综合和创新。例如，在自然科学领域，物理学与化学的交叉促进了物理化学等新学科的诞生；在社会科学领域，经济学与社会学的融合催生了经济社会学等新兴领域。这些跨学科领域的出现，为解决现实世界中的复杂问题提供了新的视角和方法论工具。

特别是在财经政法领域，跨学科理论的应用正变得日益广泛。以金融监管为例，该领域不仅需要金融学的专业知识来深入理解金融市场的运作机制，还需要法学知识来制定和执行相关法律法规，以确保金融市场的稳定性和公正性。在企业治理方面，财务管理与法律合规的结合，不仅能够有效地预防企业风险，还能保障企业的长期可持续发展。

（二）新文科理念对财经政法融通的启示

2018 年，教育部、财政部、国家发展和改革委员会联合发布《关于高等学校加快“双一流”建设的指导意见》明确提出：“立足学校办学定位和学科发展规律，打破传统学科之间的壁垒。”“以优势特色学科为主体，以相关学科为支撑，整合相关传统学科资源，促进基础学科、应用学科交叉融合。”[1]

在工业革命 4.0 时代，高等教育学科专业的演进是以知识创新为基石，而知识的供给和发展又是科技创新和应用的直接产物。新文科理念，以其跨学科的综合性、创新驱动性和开放性为特点，与财经政法专业融合目标不谋而合。综合性要求培养的人才具备广泛的知识体系，能够综合运用财经和政法等多学科的知识解决实际问题。创新性则鼓励突破传统的思维模式，探索新的理论和方法，推动财经政法领域的发展。开放性意味着要积极与国际接轨，吸收先进的理念和经验。跨界生长、跨界融通与跨界创新构成了新文科建设的核心要义，它们不仅是新文科建设的关键，也是确保其在广阔发展空间中生存与繁荣的客观需求。

---

[1] 教育部、财政部、国家发展和改革委员会联合印发《关于高等学校加快“双一流”建设的指导意见》的通知 [EB/OL]. 中国政府网 .（2018-08-08）[2023-10-11]. https：//www.gov.cn/zhengce/zhengceku/2018-12/31/content_ 5443460.htm.

二、财经政法融通专业建设的现实基础

（一）应对人才培养改革的客观需要

新文科建设要求人才培养主动适应新技术、新业态、新模式、新产业的需求。我们必须超前识变，敏锐洞察科技发展趋势对人才知识结构和能力的新要求；积极应变，迅速调整培养方案和教学方法以适应这些变化；主动求变，勇于创新教育模式，为新工科注入新元素，同时借助新工科为新文科提出新命题新方法，推动哲学社会科学与新科技革命交叉融合。

我国高等教育已经走过了专业教育阶段，如今迈入了以创新和融合为特征的新阶段。[1]财经政法融通专业的建设是顺应这一必然趋势的举措，有助于培养适应时代需求的高素质人才。

（二）高校内涵式发展的现实需要

中南财经政法大学是一所以经济学、法学、管理学为主干，兼有哲学、文学、史学、理学、工学、艺术学等九大学科门类的普通高等学校。学校在财经政法融通专业建设方面具有独特的优势和丰富的经验，是我国财经政法领域的重要人才培养基地。学校致力于建设“财经政法深度融通的特色鲜明的世界一流大学”，为实现这一目标不断优化专业结构，加强学科交叉融合，提升教学质量和科研水平。例如，法学与经济学相结合的“经济法学”、管理学与法学相结合的“法商管理”等。

学校通过突出自身的财经政法融通特色，打造独特的学科体系和人才培养模式，破解同质化发展弊端，彰显自我内涵式发展本色。

---

[1] 龙卫球，李游，赵精武．法管交叉新文科人才培养研究——基于北京航空航天大学模式的形成和发展 [J]. 北京航空航天大学学报（社会科学版），2022（5）：1-10.

（三）未来学科发展的迫切需要

学科发展是一个动态的过程，它依赖于不断地创新和跨学科的融合。财经政法融通专业的建设，是学科交叉融合的典范，它有助于打破传统学科界限，促进知识的深入交流与整合。

在学术研究领域，这种跨学科的专业建设能够开拓新的研究领域，并孕育出具有创新性的研究成果。以金融犯罪研究为例，该领域通过融合财经知识和法律规范，可以深入探讨并形成防范和打击金融犯罪的有效策略，这对于维护金融市场的稳定和公正具有重要意义。

在学科体系构建方面，财经政法融通专业的建设推动了财经学科与政法学科的相互支撑和协同发展，形成了一种良性互动的发展态势。这种协同不仅提升了学科的内在活力，也增强了学科整体的竞争力和影响力。

（四）提升拔尖创新人才质量的内在需要

拔尖创新人才是推动社会进步和学科发展的核心力量，传统的财经或政法专业培养的人才往往存在知识面狭窄、跨领域能力不足等问题。财经政法融通专业建设能够优化人才培养模式，提高人才培养质量，使学生具备更强的竞争力和适应能力，更好地满足社会对高素质人才的需求。

人才培养模式的创新是“融通性、创新型、开放式”人文社科类高素质、拔尖创新型人才培养目标实现的核心环节。[1]财经政法融通专业建设提供了培养此类人才的有利条件。一方面，它着重培养学生的跨学科思维和综合知识应用能力，使其能够在复杂多变的环境中提出创新性的解决方案。这种能力的提升，是通过跨学科课程设计和教学方法的创新来实现的，旨在打破学科

---

[1] 杨灿明．新时代高校创新型人才培养[J]. 国家教育行政学院学报，2018（07）：3-7.

壁垒，促进知识的整合与创新。另一方面，该专业通过提供丰富的实践机会和参与科研项目，锻炼学生的创新实践能力。通过参与企业的财经法务咨询项目，学生不仅能够将理论知识应用于实践，而且能够在解决实际问题的过程中培养创新思维和实际操作能力。这种实践导向的教育模式，有助于学生在学习生活中验证和完善其所学理论，从而更好地适应未来职业生涯的挑战。

三、财经政法融通专业建设的原则

（一）学科交叉融合原则

新文科背景下财经政法融通专业的建设需遵循学科交叉融合原则，打破学科壁垒是实现学科交叉融合的首要任务。长期以来，学科之间界限分明，形成了各自独立的知识体系和研究方法。然而，这种壁垒限制了知识的流通和创新。我们应摒弃传统的学科划分观念，鼓励不同学科的教师和学生开展合作交流，共同探索跨学科的研究课题和教学内容。

促进知识的整合与创新是学科交叉融合的核心目标。财经政法融通并非简单地将两个学科的知识相加，而是要实现深度融合，产生新的知识增长点。在金融监管领域，将财经知识与政法知识整合，创新出更有效的监管模式和政策建议；在企业战略规划中，融合财务分析和法律风险评估，制定出更具前瞻性和稳健性的发展策略。

（二）以学生为中心原则

以学生为中心是新文科背景下财经政法融通专业建设的关键原则，培养具有复合知识结构的创新型人才是教育的重要目标。通过开设综合性的课程，引导学生跨越财经和政法的学科界限，构建全面且深入的知识体系。同时，鼓励学生参与跨学科的研究项目和实践活动，锻炼创新思维和实践能力。提升学生解决复杂问题的综合能力也同样至关重要。在教学中，设置复杂的实际案例，让学生运用多学科知识进行分析和解决，培养其综合运用专业知识和灵活应对复杂情况的能力。

关注学生的需求和发展是教育的出发点。了解学生的兴趣、特长和职业规划，为其提供个性化的指导和支持。建立学生反馈机制，及时调整教学内容和方法，满足学生不断变化的学习需求。提供个性化的学习路径是实现因材施教的重要方式。根据学生的不同情况，设计多样化的课程组合和学习计划，让学生能够根据自身特点选择适合自己的学习路径，充分发挥其潜力。

（三）实践导向原则

实践导向原则在新文科背景下的财经政法融通专业建设中具有重要地位。加强与实际工作的对接是培养实用型人才的关键。高校需与企业、政府机构等建立紧密的合作关系，了解实际工作中的需求和问题，将其融入教学内容。还可通过邀请业界专家参与教学，为学生提供最新的实践经验和行业动态。

培养学生的实践能力和职业素养是教育的落脚点。通过实习、实训、模拟项目等方式，让学生在真实的工作环境中锻炼实践能力。同时，注重培养学生的职业素养，如团队合作、沟通能力、职业道德等，真正成为“懂经济、晓法律、知管理”的融通型人才。

四、财经政法融通专业建设的实践路径

（一）创新理念，优化人才培养目标

探索财经政法融通专业建设的实践路径，关键在于确立指导思想的引领、

顶层决策的设计、培养目标的明确设定，以及具体任务的有效分解与切实落实。在实践进程中，应当严格遵循“三步走”规划。

首先，强化思想引领，完善顶层设计。学校需明晰财经政法融通专业的人才培养理念，将培育具备深厚财经知识和扎实法律素养、能够从容应对复杂经济与法律问题的创新型人才设定为核心目标，并依此展开全面的规划与布局。

其次，凝聚集体智慧，明确培养目标。组织由学科专家、企业代表、教师和学生共同参与的研讨会议，充分吸纳各方的建设性意见，紧密结合社会需求和行业发展趋势，确定具体、明晰且可度量的培养目标，诸如拥有跨领域分析和解决问题的能力、具备良好的职业道德和强烈的社会责任感等。

最后，科学分解任务，加强监督管理。把总体培养目标拆解为阶段性的具体任务，清晰界定责任部门和责任人，并构建完善的监督机制，定期对任务完成状况予以评估，适时调整和优化措施，有力保障培养目标的顺利达成。

目前，在高等教育领域，复合型人才的培养主要运用通识教育、辅修学位、双学位培养等模式。这些模式在很大程度上弥补了传统专业教育存在的不足，有助于复合型人才的培养和形成。

（二）加强建设，增加课程教材投入

融通专业的构建需要融通课程的建设，财经政法融通专业需要构建起若干门核心课程模块，以及丰富的选修课程模块供学生选读。如“财经政法案例分析”课程，通过选取真实的财经和法律交叉的案例，引导学生从经济、法律等多维度进行分析，培养其综合运用知识的能力。教学方法上，采用小

组讨论、课堂展示等形式，激发学生的主动性和创造性。“经济法律实务”课程着重教授学生在实际经济活动中涉及的法律问题及解决方法，通过模拟法庭、实地调研等方式，增强学生的实践操作能力。最具代表性的“三通课程”，即实现管理学通论、经济学通论和法学通论的有机融合，为学生搭建全面的知识框架。在选修课方面，需要涵盖金融监管、法务会计等领域，如“金融监管政策与法规”课程，让学生了解金融监管的最新动态和相关法律法规；“法务会计实务”课程，培养学生在会计业务中运用法律知识的能力。鼓励学生根据兴趣和职业规划选择，为学生提供个性化的学习路径，满足不同学生的发展需求。

课程与教材是相辅相成的，在构建课程的同时需要开发融通型教材，要将融通知识、融通理念、融通方法、融通意识深深植入教材中，让学生在接受显性知识的同时潜移默化地感受融通理念的浸润。要组建财经和政法领域的专家、学者团队共同参与教材编写，编写团队还需具备丰富的教学经验和实践经验，能够准确把握两个领域的融合点。在教材框架上要构建综合性的教材框架，涵盖财经和政法的核心知识领域，注重知识的系统性和连贯性，确保学生能够形成完整的知识体系。在教材内容上要旨在培养学生具备财经和政法领域的综合知识和应用能力，增加实际案例分析、实践操作环节和问题讨论等内容，帮助学生将理论知识与实际应用相结合。

（三）重视队伍，强化师资力量建设

师资队伍建设是专业建设中根本性、基础性的建设[1]，融通专业的育人实践离不开教师的核心作用。一是要引进具有跨学科背景的教师。制定具有战

[1] 马正兵．一流本科专业核心内容与特色路径建构——以重庆第二师范学院商务经济学专业为例 [J]. 重庆第二师范学院学报，2021（1）：87-92，128.

略性的引进政策和优厚的待遇条件，包括有竞争力的薪酬福利、充足的科研启动资金和优良的工作环境，以吸引具备财经和政法双重学术背景的杰出教师。聘请具有丰富行业经验的企业管理人员担任校外导师，为学生提供最新的行业实践知识以及行业发展趋势的前沿信息。二是开展教师跨学科培训。组织并参与高质量的学术研讨会和专业培训项目，鼓励教师积极参与财经政法领域的学术会议，以此拓宽其学术视野，更新和完善其知识体系。构建教师跨学科合作团队，促进不同学科背景的教师之间的深入交流与协作，共同推进教学方法的创新和科研项目的实施。通过多管齐下可以有效构建一个多元化、高水平的教师团队，为学生提供更加丰富和深入的教育体验，同时促进学术研究和教学实践的创新。

（四）注重运用、完善实践教学体系

学科将知识作为核心，而专业则以问题作为导向。专业人才培养的主要输出在于能够切实解决行业和职业中面临的实际问题。[1]构建“实验、实训、实习”三位一体的实践教学体系是提升学生实践能力的有力保障。首先，建立综合性实验室、设定融通性实验项目、构思实验教学内容，紧密结合财经政法融通专业的特点和实际需求，注重培养学生的实验操作能力和数据分析能力。如模拟法庭与金融案例分析相结合，通过模拟真实的法律诉讼场景，让学生运用财经知识和法律知识进行分析和辩论。其次，安排学生定期到实践基地进行实训，实训内容应紧密结合实际工作，模拟实际工作场景，让学生在实训中体验实际工作的流程和要求。同时，邀请企业专家参与实训教学，为学生提供实际工作中的案例和经验，提高实训教

[1] 蔡基刚．一流本科课程与专业建设的重组新概念——以外语学科为例 [J]. 东北师范大学学报（哲学社会科学版），2020（3）：7-12.

学的针对性和实用性。最后，充分利用企业、政府部门等实践基地，为学生提供良好的实践环境。如与金融机构共建实习基地，让学生参与实际的金融业务和法律合规工作。培养学生的团队协作和实际操作能力，组织学生参与实际的企业财经法务项目，锻炼学生在团队中的协作能力和解决实际问题的能力。

（五）勇于革新、创新教学方式方法

在当下的教育管理范畴中所倡导的启发式教学，具有生成性及开放性的特质，其主要服务于学生的探究性与合作性学习。应当全方位尊重学生成长发展的规律，特别是创新型人才的成长规律，借由把握学生发展的多元需求，探究他们的学习特点，从而充分激发学生自主发展的积极性。

推动课堂革命，达成“学得好”与“教得好”的统一。依据知识能力素质融合的原则，对学科教育课程予以整合，实行学科教育基础课程的集体备课模式，强化形成性考核评价，全面开展学位课程的期中检测工作，筑牢学科教育课程的理论根基。依照高阶性、创新性及挑战度的原则塑造融通的“金课”。促进翻转课堂和现代信息技术的运用，推动新技术手段、思想进课堂，提高学生数字化思维、数字化意识。

具体来讲，能够采用案例教学与项目驱动教学相互结合的手段。选取具备典型性的财经政法案例，像重大的经济纠纷案件、企业并购过程中的法律问题等，让学生深度洞悉实际业务中的繁杂状况。引领学生展开分析与讨论，培育学生的逻辑思维及解决问题的能力。让学生参与实际项目的研究与解决，如企业的财务风险管理项目、法律合规咨询项目等。提升学生的自主学习与创新能力，培养学生的团队合作精神及项目管理能力。

（六）强化合作，推动学科协同发展

高校应积极建立跨学科研究平台，整合学科资源，将财经和政法领域的研究设备、数据资源等进行整合，实现资源共享，为财经和政法学科的交叉融合提供有力的支持。例如，可以成立财经政法研究院或跨学科研究中心，整合学校的优势资源，开展前沿研究，聚焦于财经政法交叉领域的热点和难点问题，如数字经济下的金融监管法律问题等。凭借跨学科研究平台的建设，能够增进不同学科之间的交流与合作，凝聚学科合力，一同开展科研项目及教学改革，提升学科建设的水平，助推学科交叉融合向纵深发展。

进一步推动国际交流与合作。当今的世界呈现出开放、包容和互动的态势，要踊跃投身于国际学术交流合作之中，引入国外先进的教学理念和方法，诚邀国际知名专家进行讲学和交流，学习国际前沿的教育模式。开展国际合作办学项目，与国外高校携手开设联合培养项目，拓宽学生的国际视野，增强国际竞争力。

五、财经政法融通专业建设成效

（一）构建特色鲜明的融通教育体系

学校通过财经政法融通专业建设，创新了人才培养模式，重点培育了学生兼具财经政法知识和实践的复合能力。

中南财经政法大学文澜学院作为学校在财经政法融通专业建设方面的创新探索，形成了独特的人才培养模式。学院采用“大类培养、融通教育”的方式，以经济、金融、工商管理三大类专业为主，开设经济管理试验班。专

业课均为双语授课，注重培养学生的国际视野和学术科研能力。在师资方面，学院聘请了具有国际视野且了解中国实际的教师，他们大多具有跨学科背景，能够将学术前沿与中国实际相结合，为学生提供丰富的知识和独到的见解。同时，学院还从海内外引进大批优秀经济学博士及专家学者，组建了高水平的专职教师团队。课程设置上，不仅有基础的专业课程，还开设了一系列跨学科课程，如融合了财经与法律知识的特色课程，培养学生的综合素养和创新思维。此外，学院还积极开展学术研究，成立了“中国财经研究与调查中心”，为学生提供参与前沿研究的机会。

经过多年深耕财经政法深度融通战略，参与大类招生与培养的学生实现全覆盖，过半以上学生实现跨专业深造和就业，大批学生成为跨专业领域精英，学生对学校深化融通、复合型人才培养的认可度高达 90% 以上。此外学校还将融通理念贯穿学院、专业、课程、教材、师资、资源平台 6 大基础性建设全过程，持之以恒实施“财经政法深度融通一流人才培养计划”1.0—4.0。建设 7 个融通型学院，28 个融通型专业和项目，重点建设融通专业课程 400 余门，打造国内规模最大的经法管融通课程体系，遴选融通型教材近 70 本，已出版融通型教材 10 余部，建设 10 个校级虚拟教研室等融通型资源平台。

（二）学科交叉建设获得新成就

在学科建设方面，高校通过整合财经和政法学科的资源，形成了一些具有特色的学科方向和研究领域。这些学科方向和研究领域不仅丰富了学校的学科体系，也为学校的科研创新提供了新的增长点。

中南财经政法大学开展党内法规学、纪检监察学、社会治理法学、数字法学等重点领域、新兴领域交叉学科建设，建立“法学 +X”本科专业融通生态圈。打造法学类“课程思政”示范课堂、平台通识课程，拓展“以案说法”“鉴定式案例研习”等特色专业选修课程，构建中国特色社会主义法治课程群。

杨灿明教授主持完成的国家级教学成果奖《新文科背景下财经政法深度融通的一流人才培养改革与实践》，确立了财经政法深度融通的人才培养理念和目标，通过“四融”策略推动“四跨”培养，构建了特色鲜明的教育教学资源体系和人才培养体系。张琦教授主持完成的国家级教学成果奖《“三维”沉浸“四域”融合：政府会计人才培养模式创新与实践》，提出了全新的政府会计人才培养标准和模式，在国内外产生了一定影响。

（三）实践交流发展获得新突破

注重“校内 + 校外”，实现全员协同育人。依托湖北地方立法研究与人才培养基地等科研教学平台，打造“校—院—基地”三级联动跨学科的人才培养平台，形成“导师制 + 学团制 + 项目制 + 全过程”实践育人模式。通过组织本科生兴趣小组、选聘实务导师、邀请海内外学者举办“法治中国”大讲堂等类型丰富的活动，形成多维联动的全员协同育人大格局。注重“课内 + 课外”，实现全过程文化育人。成立思辨学园，通过组织各类型辩论赛和模拟法庭比赛、开展公益法律服务、开展“法学青年说”等活动，打造校园法治文化育人品牌。在全国打造 131 个实习基地，与政府机关、司法部门等深度合作，构建分层分类的全方位实践育人体系。

学校不断探索国际化人才培养新架构，多个人才培养项目获教育部批准为创新基地。现有 9 个国际人才培养项目。围绕“一带一路”倡议，搭建本科人才培养国际平台。依托中意、中加等高水平平台项目，培养参与国际法律实务的高层次专门人才。探索“双校园”“双教学”和“双证书”的“三双”办学模式，成立“雏鹰扶持计划”基金资助学生出境实习。2022年以来，学校组织本科生赴国外交流学习逐年增长，达到近600人次/年，三年来累计资助近60名学生赴哥伦比亚大学、爱丁堡大学等世界顶尖高校学习交流，赴国际统一私法协会等国际组织实习实践。

六、财经政法融通专业建设未来方向

新文科背景下财经政法融通专业建设是一项系统工程，目前虽然取得了一些成绩，但仍面临一些挑战，需要各方共同努力，不断探索和创新。

需要推进信息化建设。信息化技术的发展为财经政法融通专业建设提供了新的机遇。未来，应充分利用信息化技术，优化教学方法和手段，提高教学效果。例如，可以利用在线教学平台、虚拟仿真实验等信息化手段，丰富教学内容，提高学生的学习兴趣和参与度。

需要关注社会热点问题。财经政法融通专业建设应紧密关注社会热点问题，如经济发展、法治建设、环境保护等，培养学生解决实际问题的能力。同时，还应加强与社会各界的联系与合作，为学生提供更多的实践机会和就业渠道。

需要持续创新与改进。财经政法融通专业建设是一个不断创新和改进的过程。高校应根据社会需求和学科发展的变化，及时调整专业建设的思路和方向，不断完善人才培养模式和课程体系，提高师资队伍的素质和水平，以适应新时代对财经政法复合型人才的需求。

总之，相信在未来，财经政法融通专业将为社会发展培养更多优秀的人才，为高等教育改革提供新思路、新路径、新方向。

第二节 课程思政与通识教育融通建设

课程思政是在习近平总书记关于教育的重要论述指导下，教育部落实立德树人根本任务的战略举措；通识教育是高校人才培养的重要版图，两者的发展相得益彰、交相辉映。

2016 年，习近平总书记在全国高校思想政治工作会议上指出："要用好课堂教学这个主渠道……其他各门课都要守好一段渠、种好责任田，使各类课程与思想政治理论课同向同行，形成协同效应。"❶ 2019 年，习近平总书记在学校思想政治理论课教师座谈会强调，思想政治理论课是落实立德树人根本任务的关键课程，推动思想政治理论课改革创新，要不断增强思政课的思想性、理论性和亲和力、针对性。❷ 2022 年，习近平总书记在中国人民大学考察时强调，思想政治理论课能否在立德树人中发挥应有作用，关键看重视不重视、适应不适应、做得好不好。❸ 新时期，思想政治教育更应在立德树人事业中大放异彩，要充分重视思想政治教育的方向性作用，在全面推进的课程思政实践中创新理念、灵活机制、改进方式，用最合适的教学形式讲最精彩的课。

通识教育是以广学科、跨专业、多课程为载体，在课堂教学中传授通用的知识、塑造完备的"三观"、健全独立的人格，以"全人培养"为核心理念，为社会培养积极参与社会生活、有社会责任感、全面发展的人和国家公民。❹ 通识教育的这些表征对于课程思政的实践创新有着很高的可鉴性，课程

❶ 习近平 . 全国高校思想政治工作会议的讲话 [N]. 人民日报，2016-12-09（1）.

❷ 习近平 . 思政课是落实立德树人根本任务的关键课程 [J]. 求是，2020（17）: 4-16.

❸ 习近平在中国人民大学考察时强调：坚持党的领导传承红色基因扎根中国大地 走出一条建设中国特色世界一流大学新路 [N]. 人民日报，2022-04-26（1）.

❹ 郭洪瑞，冯惠敏 . 刍议高校通识教育质量文化 [J]. 湖北社会科学，2020（7）: 141-148.

思政与通识教育的融通发展既有着充分的可行性，又有着推动思想政治理论课改革创新，不断增强思政课亲和力、针对性的关键作用。

一、课程思政与通识教育融通的宗旨：培养高质量中国式现代化人才

（一）对高校育人新进路的探索，旨在培养通专相济的复合型人才

专业教育是社会分工不断细化的产物，这种教育模式能花费较短的时间产出较多的工业化适岗者，与此同时也带来了人的能力单一和认识局限的后果，以至于导致受教育者的技能坠入琐碎机械、思维陷入狭隘刻板。于高校而言，缺乏人文素养熏陶、价值理论引导、综合能力提升的教育可能将高等教育降格为另类的职业教育，背离了人才培养的目标。当今世界产业格局相互交织、行业技术互鉴互用、文理专业衔接紧密，需要基础扎实、专业过硬、视野开阔、思维发散、志趣温雅、博学多识的多面手。通识教育破除专业界限、拓展知识边际、寻求人文精神与科学素质的统一，是脱困职业化教育、避免碎片化知识灌输的重要途径。

课程思政的根本任务和中心环节就是立德树人，就是将践行全面提高人才自主培养质量作为核心点。兼具家国情怀、文化素养、道德修养、法治意识的全面人才就是高质量人才，这个人才标准与通识教育培育的多面手是不谋而合的。课程思政与通识教育的融通给彼此凝聚了巨大的协同能量，共同回答了培养什么人这一深刻命题。

（二）解放思想、转变理念，深化培养体系改革与课程结构调整的需要

部分高校出于办学生源和就业导向的考量，会尽力讨巧学生需求，在培养体系和课程结构设置上出现通识教育日趋式微、专业教育一支独大的局面。这种专业教育与通识教育“两张皮”的现象反映了专业教育实用、好用、重用，继而凌驾于通识教育之上的旧式理念，而这种理念实则是部分高校功利性、短视性、趋附性的表露，无疑辜负了人才培养的期许。培养体系的偏倚导致了课程结构的多寡。专业教育不仅从纵向的学科导论类、基础精讲类、拔高指引类等课程全领域覆盖，还附加横向的先修类、交叉类、关联类等课程全场域配合，综合起来占据了绝大多数的学分。通识教育则仅凭借趣味类、常识类、概论类等课程挤获少量学分，而其中留给综合类、跨学科类、融通类课程学分则更少。实际上，高校想要获得长久的活力，更应该改变这些短视、消极、不适宜的理念，进而转向更加前瞻、积极、与时俱进的理念，让高校的教育真正回归到人的教育，回归立德树人、以人为本的教育初心。

改革培养体系，要着重提升学生敏锐发现问题、综合分析问题、协调解决问题的能力；要强化人文素养与科学技术、专业内涵与社会视野、个体价值与家国情怀相结合；要化解通识教育与专业教育地位不对等、结构不均衡、理念不统一的矛盾。调整课程结构，要以课程思政为引领，推进习近平新时代中国特色社会主义思想进课程、进教材，开设“读懂中国”等系列课程。完善通识教育课程结构，围绕引导学生深刻理解社会主义核心价值观，自觉弘扬中华优秀传统文化、革命文化、社会主义先进文化等方面搭建通识课程主干；围绕提高学生价值判断、艺术欣赏、道德修养等方面连贯通识课程分

支，形成纵横交错、统整严密的课程结构体系。课程思政与通识教育的融通带来了高校培养体系和课程结构改革的契机，共同回答了怎样培养人这一深刻命题。

（三）守住红色底蕴，纵深推进中国式现代化的需要

当今世界科学技术总体还是呈现欧美发达国家领跑，我国紧随其后的格局，这一格局下专业教育的开展势必会在学习专业技术中，夹带一些西方的价值观。特别是某些美西方垄断、主导的行业，从技术规范、人才标准、思维方式等方面都已深深烙下了西方的印记，对于涉世未深、国际视野不广的青年学子来说，很容易陷入迷惑。对于跨学科、多领域的通识教育而言，同样存在类似的潜在误区，例如某些艺术类、语言类通识课程在教学中往往需要横向比较中西方的发展史、各自优劣、差异特征，如果在这个过程中教师没有讲透讲深，导致学生一知半解，就很容易误导学生。文化没有国界，但是文化中承载的意识形态有国界，如果授课教师当不好“安检员”，不加辨别、全盘吸收课程中的意识“陷阱”，那么将会有更多的洪水猛兽冲击我们的“象牙塔”。

中国式现代化要求必须坚持中国共产党领导，坚持中国特色社会主义[1]，这为我国各项事业发展指明了方向。课程思政有别于知识教育和能力教育，更多是一种价值观教育，帮助学生塑造正确的世界观、人生观、价值观，它影响甚至决定着社会主义接班人问题。[2]将中国特色道路、理论、制度、文化融入各类课程教学中，可以引导学生增强对社会主义的政治认同、情感自信、

---

[1] 习近平．高举中国特色社会主义伟大旗帜　为全面建设社会主义现代化国家而团结奋斗——在中国共产党第二十次全国代表大会上的报告（2022 年 10 月 16 日）[M]. 北京：人民出版社，2022.

[2] 教育部．教育部关于印发《高等学校课程思政建设指导纲要》的通知 [EB/OL].（2020-06-01）[2024-03-04]. http：//www.moe.gov.cn/srcsite/A08/s7056/202006/t20200603_462437.html.

立场坚定。发挥课程思政在高等教育中的旗帜作用，有助于牢牢守住红色底蕴，是确保教育为民所需、为党所需、为国所需的必然要求。

高质量发展是中国式现代化的目标要求。教育、科技、人才是全面建设社会主义现代化国家的基础性、战略性支撑。[1]通识教育在开阔学生视野、发散学生思维、丰富学生创意上具有独特优势，对于发挥人才引领驱动大有裨益。推进课程思政与通识教育融通，将马克思主义方法论、世界观、历史观融入通识课外实践，引导学生增强学思结合、知行统一、勇于创新精神，为未来科技创新埋下希望种子。课程思政与通识教育的融通匡正了通识教育政治方向，丰富了通识教育育人内涵，拔高了通识教育战略地位，提升了教育高质量发展水平，为中国式现代化事业培养了高质量人才，共同回答了为谁培养人这一深刻命题。

二、课程思政与通识教育融通的价值本原：虽不同源，但同心、同向且同频

（一）课程思政全员育人与通识教育全人培养同心并力

课程思政是将思想政治元素涵入各类课程教学中，以隐性教育方式与思想政治理论课的显性教育方式合力构筑全课程育人的立体格局。[2]全员育人是整合一切可以育人的力量，包括但不限于国家、社会、学校、家庭成员参与育人环节。具体于高校而言，全员育人就是思政课教师、各专业课教师，甚至教辅人员全员参与的育人模式。课程思政实践中各类课程的授课教师就是

❶ 习近平．高举中国特色社会主义伟大旗帜　为全面建设社会主义现代化国家而团结奋斗——在中国共产党第二十次全国代表大会上的报告（2022 年 10 月 16 日）[M]. 北京：人民出版社，2022.

❷ 邱伟光．课程思政的价值意蕴与生成路径 [J]. 思想理论教育，2017（7）：10-14.

全员育人的践行者、实施者。通识教育全人培养是成就知识结构完备、思维意识独立、道德修养正直等多维度人才的教育方式。“三人行，必有我师焉”，课程思政全员育人中的“师”正是各维度的“开拓者”。课程思政推动着全员育人的实现，也充实了通识教育全人培养的动力源泉。

（二）课程思政全程育人与通识教育全过程育人同向同行

课程思政全程育人是将思政教学纳入整个教育过程中，将思政元素融入各个教学环节中，将思政素养植入学生思想、行为、价值观等方面，以全流程、多维度、跨层次地引导和激发学生的行为规范、思想感知和情感认同。通识教育全过程育人强调将教育的全面性体现在学生整个学习过程中，通过提供多元化、系列化、综合化的课程，扩充学生知识面、激励学生兴趣、提升学生学习能力、培养学生人文素养和社会责任感。课程思政全程育人和通识教育全过程育人都是在整个教育链条上引入非专业的知识体系，提升学生综合素养，促进其全面发展，两者可以互融互鉴，同向发力，携手并进。

（三）课程思政全方位育人与通识教育全学科育人同频共振

课程思政全方位育人强调以思政元素渗透整个课程体系，让学生在学习各学科知识的同时，深入了解国情、社情、人情，培养学生的政治意识、道德素养、文化涵养等。通识教育全学科育人则是通过跨学科的课程设置，引导学生全面、系统地掌握各学科知识，培养学生的批判性思维能力、创新能力和实践能力。课程思政全方位育人为通识教育全学科育人提供思想引领和精神支持，帮助学生在更高层面运用学科知识，达到更深入地理解和更广泛的应用。通识教育全学科育人也为课程思政全方位育人提供了更广阔的教育空间，让学生在丰富多彩的学科知识中，不断拓宽自己的视野和认知。两者整合资源，借助不同学科、不同环节教育优势，着眼丰富和深化学生知识结构和认知层次，实现学生思想道德素质与学科知识素养同步提升、同频共振。

三、课程思政与通识教育融通在教学上的可操作性：源于教学目标、手段、建设的密切性

（一）教学目标的一致性

课程思政与通识教育共同致力于培养学生以下几个方面的素养与能力。一是科学的人文素养和人文精神。课程思政引导学生树立正确的世界观、人生观和价值观，加强对中华优秀传统文化和社会主义核心价值观的传承；通识教育则强调多学科、综合性教育理念，鼓励学生在人文社科、自然科学、艺术设计等多领域涉猎，养成一定的人文科学认识和欣赏能力。二是强烈的社会责任感和公民意识。课程思政重点培育学生的家国情怀、社会公德、个人品格，引导学生关注国家和社会事务，思考在社会活动中作为公民理应担当的责任和履行的义务；通识教育则依托跨学科的认知能力，提升学生参与分析、解决社会问题的综合能力。三是鲜明的创新思维和实践能力。课程思政通过实践教学、社会实践等多种方式训练学生创新思维，提高实践能力；通识教育则注重通过实验、实习等方式培养学生的实践能力。

（二）教学手段的相近性

教学效果与教学手段有着直接的关联，课程思政与通识教育都注重采用多元化的教学手段提升教学效果。首先，两者都采用互动性教学。课程

思政以典型案例切入，采用小组讨论、演讲、辩论等方式开展教学团体间的沟通交流、头脑风暴；通识教育则以学科热点为题，通过社会实践、调查研究、创新设计等方式开展学生与社会的互动，获取元认知。其次，两者都采用个性化教学。课程思政在辩论论点、演讲主题等方面给予了学生展现形式和主题选择的双重自主性；通识教育也让学生在实践方式、设计主题等方面自由选题、自主探究。最后，两者都采用融合式教学。课程思政重点任务就是将学科特色与思政元素融合，专业知识与社会主义核心价值观融合，专业伦理与社会规则融合；通识教育则是将不同学科知识点融合起来，完善跨学科的知识内容，构建跨学科的知识体系，培养跨学科的学习能力。

（三）教学建设的共生性

作为学生综合能力养成的重要载体，课程思政与通识教育在共同建设过程中紧密联系，相互促进。究其缘由，主要得益于以下几个方面：其一，教学内容的强关联性。课程思政中引入艺术、文化等通识元素，既增添学科之外的体验感，又促进个人知识面的扩展；而在通识教育中深挖科技发展、政治智慧等思政元素，也让学生在掌握学科知识的同时，增强发展自信和政治认同。其二，教学改革的新常态性。课程思政会基于学科课程内容变化情况，更新思政元素融入的连接点，创新融入的路径；通识教育亦会根据学科前沿发展情况，纳入最新内容，改变授课方式。其三，教学质量的高关注性。课程思政与通识教育都高度重视教学质量的提升、教学成效的显现。课程思政强调教学结果的社会效益和积极影响，旨在推进社会公民道德建设；通识教育更注重实效性和实用性，提高学生适应社会发展的能力。

四、课程思政与通识教育融通的实现路径：自顶而下，自巨而细，全方位协同推进

（一）革新发展理念，完善人才培养模式

新时代高等教育要求“紧紧围绕全面提高人才培养能力这个核心点，加快形成高水平人才培养体系”[1]，落实下来就是要求高校改革先前发展理念中不适宜的掣肘，锚定高质量、复合型、创新型人才目标，完善人才培养模式。

首先，坚持融通导向，做好顶层设计。高校要高度重视课程思政与通识教育融通对人才培养的重大意义，以此为导向，建章立制设定适合校情的发展目标、运行机制、保障机制、质量监控体系等；构筑起专业教育、课程思政、通识教育的四梁八柱；充分利用融通的合力，推进学校人才培养理念和模式改革。在管理机构上，课程思政建设往往明确由教务部门主责；而多数学校没有统筹通识教育的机构，导致推动通识教学改革动力不足。故应建立专职通识学院或者中心，由中心科学规划通识发展指南；打造立体化、结构化、系统化的通识学科体系；制定通识课程建立规则、教学指导、考核范式、评价标准；形成典型示范、以点带面的良性局面；调动专业教师、教辅人员、学生积极主动参与通识教育的全过程育人；协调教务部门做好课程思政与通识教育共学、共研、共建工作，协同推进课程思政与通识教育深度融通。

其次，坚持以学生为中心，优化培养方案设计。在培养方案设计上要突出综合性能力的训练，从人才培养目标、课程设置、考核评价等多方面来推动课程思政与通识教育的融合。制定合理的课程体系，将课程思政和通识教

[1] 教育部关于加快建设高水平本科教育全面提高人才培养能力的意见 [J]. 中华人民共和国教育部公报，2018（9）：18-24.

育相互结合，设计出兼具思想性、学科性和实践性的课程，注重核心素养的培养和创新思维的训练，突出道德品质、文化素养、实践能力。在培养目标上要强化多元思维、创新意识、责任感和社会意识的养成，重点厚植终身学习意识，努力实现全面育人的人才培养目标。在培养方式上要坚持个性化、多元化培养模式，注重因材施教，以学生兴趣为出发点，根据学生自身的需求和特点，设置自主性教学方式，提高教学的针对性和实效性，为学生提供多样化的成长路径。

（二）提升师资力量，创新教学方式方法

提升融通成效，教师是关键，方法是重点。作为融通教育的实践者，要具备强烈的融通意识，善于挖掘教学素材中的育人元素，合理使用授课技巧，将核心要点准确传递给学生，要做到能任、胜任、乐教、善教。

一是增进教师认知，提高教师能力。课程思政与通识教育的融通首先要求教师具备过硬的思想政治素养[1]；其次是有较强的综合能力。教师要坚定文化自信，自觉做到“第二个结合”[2]，重视“中国经验”，抵制“西方意识”。融通教育背后是新的发展理念，带来的是新挑战，高校教师要跳出之前专业领域的舒适圈，做好多学科探究的心理准备。除重塑角色的认知外，还要提升理论与实践的贯通能力，使自己的所研所思更好地为学生所接受。要保持专业学科优势，提升融通能力，善于发现融通衔接点，以适切的方法教授出来，传授给学生。

二是注重方法创新，实践与总结并举。开创性的事业需要开创性的方法，

[1] 王易，岳凤兰．关于加强新时代高校思想政治理论课教师队伍建设的思考 [J]. 思想理论教育，2018（5）：61-65.

[2] 张志强．深刻理解“第二个结合”的首创性意义 [J]. 哲学研究，2023（8）：5-14，127.

要防止课堂教学走向填鸭式、灌输式的老路上。在形式上可以充分利用网络教学、在线学习平台等拓宽翻转课堂，增加学生获取知识的维度与广度；通过课堂互动，激发学生的学习兴趣和探究精神，在交流碰撞中引发学生在知识、思维、价值认知等层面上的思考。在内容上以“无意识”“隐性教育”浸润学生。利用教师人格资源、彬彬举止、落落谈吐影响学生，实现言传身教；利用热点事、新鲜事、历史事传递正能量，引出学生情感共鸣，实现以事育人。挖掘课程中的道德情感、价值逻辑、文化底蕴，实现以文化人。实践中，做到教学实施前有制度引导、教学设计时有团队研讨、教学实施中有反馈提炼，构建完整闭环。

（三）优化课程结构，“同心”联动各类课程

课程结构是课程的内核，它包括课程教材、课程内容、教学案例、授课方式等方面。为进一步提升融通效果，需要在思政课程和通识课程上同向发力，齐心整合优化不同学科课程内容，提炼兼具高阶性和挑战度、前沿性和时代性、综合能力和高级思维的知识精髓。

一是以教案设计、教材的二次开发为抓手，深挖课程内容的融通点，深化授课方式的创新形式。在坚持使用“马工程”教材前提下，结合思想政治教育特征和课程本身特征，对课程能够承担思想政治教育内容进行再梳理，重新部署和具象化。[1]注重不同学科知识交叉、思维互鉴，锚定契合点，发挥相互引脚作用；在“深”字下功夫，注重系统性，保证有效性，紧紧围绕社会发展趋势和未来发展方向，培养学生适应未来环境的能力。在统筹考虑学生知识匹配度、课程教学规律、课时安排等情况下，做好课程规划与设计和

[1] 陆道坤 . 课程思政推行中若干核心问题及解决思路——基于专业课程思政的探讨 [J]. 思想理论教育，2018（3）：64-69.

思想政治教育内容的深度开发，提炼出立体化、系统化的知识体系；构造出严谨性、生动性的话语体系。对标“金课”要求，坚持政治性与学理性统一，以教书育人为初心，立德树人为使命，按照“OBE”教育理念的方法进行课程内容设计，从知识、能力、态度、价值等多层次，设置创新性和高阶性的教学目标。

二是强化实践教学，打通课堂内外。实践教学既是一种教学方式，也是检验学习成效的标准。要充分发挥好课内教学主阵地、主渠道作用，奠定扎实理论基础，也要鼓励学生通过自主学习和参与讨论活动等方式，加强与教师和同学的互动，锻炼思辨能力和创新思维。通过精心设计课外实践主题，让学生用自己想法、自己形式、自己路径，探究主题背后的理论知识、实现方式、解决方案，增强学生独立思考能力、动手能力和协作能力，真正让学生将知识内化于心、外化于行，实现知行合一。[1] 实践主题和形式的设定要因事而化，因时而进，因势而新，发挥思想政治引领力，结合时政热点、社会痛点、公众难点，侧重考查学生知识分析、运用能力高低以及价值观念偏正与否。教师对学生实践各环节的表现进行分析、评价、小结，指出学生不足之处，帮助改进；教师亦可根据实践结果改善课程教学质量，完善课程体系。

（四）完善评价体系，强化过程导向

评价结果是衡量课程思政与通识教育融通成效的重要标的。换个角度看，评价结果也是审视学生成长不佳、教师教学不足、学校制度不完善的一面镜子。科学有效的评价体系对于优化课程融通形式、改进课程教学方法、完善融通制度体系等方面有着重要的指导作用。

[1] 盛杨 . 论课程思政视域下的高职通识金课建设 [J]. 教育与职业，2020（16）：89-93.

一是确立评价原则，明确评价主体。首先，融通成效的评价不仅是考查学生通识素养或思想政治意识高低，而更看重是否兼具了两方面的能力并且达到了“一加一大于二”的效果。通识素养、思想政治意识、综合运用能力重点体现在学生对事、对物的真实看法上，检验学生是否形成了正确的世界观、人生观、价值观，是否具备了基本专业能力、科学思想信仰及综合处理能力，所以评价应该是定性的而非定量的。其次，鉴于不同专业学生学科基础各异，因而针对不同专业的评价内容和标准应该是不同的，评价要更侧重考查学生纵向认识的延伸而不是横向能力的超越，所以评价也应该是纵向性的而非横向性的。最后，融通教育对学生的影响是潜移默化的，注重学生精神层面的浸润和实践行为的养成；教育的过程和学生素养的提升不是一蹴而就的，而是发展的、进步的、阶段性的。所以评价还应该是过程性的而非“一锤定音”。定性、纵向性、过程性共同组成了评价的三原则。

“三全育人”的模式决定了评价的主体也应该是全面而多元的，授课教师、教辅人员、学生本人和同学都在促进课程思政与通识教育融通中发挥着叠加作用。对于专业知识的理解掌握、学科的创新实践、专业的价值认同，以及学习过程中表现出的积极性、毅力、勇气等应该由授课教师进行评价。对于社会主义的政治认同、“四个自信”的坚守、理想信念的坚定等则应该由思政课教师或辅导员进行评价。对于自我认知、兴趣变化、沟通表达等方面可以由学生本人自评。对于学习过程中表现出的团队凝聚力、大局意识、组织协调能力则可以由同班或者同组学生进行评价。基于知识素养的复合性和教育体系的系统性，多种评价主体间应该是既区分又交叉、既独立又联合的关系，共同织密一套评价体系。

二是制定评价方法，善用评价结果。根据评价主体和评价内容的不同，可以使用不同的评价方法。通识课授课教师主要采用评分表法，这种方法灵活多样，可以将专业的知识点、创新性、实践能力等设定到不同的分项中，通过合成全过程的记录结果来评价学生课程目标达成情况。思政课教师或辅导员可以采用档案管理法，该评价办法以“生”为单位建立思想政治档案，将学生参与的实践活动、思想发展情况等收集记录，通过纵向性对比评价学生进步情况。学生本人则可以通过自评法，实事求是地展现自我成长情况。同学可以通过问卷调查法反映本班或本组学生的表现情况。

课程思政与通识教育融通发展是一种创新模式，需要依托学生的评价结果动态调整运行机制。评价结果有助于高校明晰制度短板、机构履职不责、课程思政推行不畅等方面的障碍，为进一步优化通识学科体系建设指明方向。评价结果也有助于教师发现在课程建设、教材开发、授课形式、融通点挖掘等方面的不足，从而为提升教学质量找寻改进方法。评价结果还有助于学生实现知识能力、兴趣爱好、价值观念等方面认知的觉醒，帮助学生做好学业甚至职业发展规划。

综上所述，课程思政与通识教育融通回答了“培养什么人、怎样培养人、为谁培养人”这一教育的根本问题。课程思政与通识教育本身具有多样的价值同源，并且在教学目标、教学手段、教学建设等方面有着共同发力点。通过从学校顶层设计、教师能力提升、课程结构优化、评价体系建设等方面入手，构建畅通的融通实践路径，能够较好地落实立德树人这个根本任务，提高高校人才培养质量。

第三节 教材体系建设

教材体现党和国家意志，反映人民重大关切，传承中华优秀传统文化和人类文明先进成果，是解决“培养什么人、怎样培养人、为谁培养人”这一根本问题的重要载体，直接关系到党的教育方针落实和教育目标的实现。

一、深刻把握教材建设面临的新形势

党的二十大报告把教育、科技、人才“三位一体”统筹安排，从“实施科教兴国战略，强化现代化建设人才支撑”的战略高度，对“办好人民满意的教育”“加快建设高质量教育体系”作出新的部署，并首次在党的二十大报告中提出“加强教材建设和管理”。[1]这一系列重要部署，凸显了教材工作在党和国家事业发展全局中的重要地位，凸显了教材作为强国之要、强教之基的特殊重要性，充分体现了党中央对教材工作的高度重视和殷切期望。全体教育工作者要切实提高政治站位，强化目标导向，跳出教材看教材，着眼国家发展战略全局，充分认识教材工作肩负的重大使命和教材工作的重大意义，认真落实党中央对教材工作提出的明确要求。

（一）教材建设既是高校事务，更是国家事权

党的十八大以来，以习近平同志为核心的党中央高度重视和关心教材工作，出台了一系列重要文件，发表了一系列重要讲话，对加强教材建设提出了明确要求，为新时代教材建设提供了前进方向和根本遵循。2017年7月，国务院成立国家教材委员会[2]，同时在教育部设立教材局、课程教材

[1] 习近平：高举中国特色社会主义伟大旗帜 为全面建设社会主义现代化国家而团结奋斗——在中国共产党第二十次全国代表大会上的报告[EB/OL]. 中国政府网 .（2022-10-25）[2023-01-05]. https：//www.gov.cn/xinwen/2022-10/25/content_5721685.htm.

[2] 国务院办公厅关于成立国家教材委员会的通知[EB/OL]. 中国政府网 .（2017-07-03）[2024-03-04]. https：//www.gov.cn/gongbao/content/2017/content_5210500.htm.

研究所，健全管理体制机制，强化对教材工作的组织领导。2020 年以来，国家教材委员会和教育部相继印发《全国大中小学教材建设规划（2019—2022 年）》《普通高等学校教材管理办法》《新时代马克思主义理论研究和建设工程教育部重点教材建设推进方案》[1]等政策文件，召开首届全国教材工作会议，组织开展首届全国教材建设奖评选等重要工作，这些有关教材建设的一系列政策和举措，充分体现了国家意志，明确了工作基本原则，指明了工作方向。

（二）教材建设既是教育发展重要支撑，更是强国建设必然要求

百年大计，教育为本；教育大计，教材为基。教材是确保高校思想政治教育方向和教育效果的基础，更是一件关乎国家前途未来的大事。我们党提出全面建设社会主义现代化强国，归根到底要靠人才、靠教育。党的二十大报告提出，到 2035 年建成教育强国，而我们培养的人才能不能满足国家战略需求、经济社会发展需要，一定程度上取决于通过教材教了什么、学了什么。教材是意识形态斗争的前沿阵地，是赢得国家未来的重要战场，培养社会主义建设者和接班人，落实立德树人根本任务，迫切需要教材发挥铸魂育人的功能。在全面推进教育高质量发展，实现教育强国和中华民族伟大复兴的征程中，必须深刻把握新时代教材建设的重要意义和时代要求，紧密围绕为党育人、为国育才的目标任务，统筹推进各类教材建设，加强教材管理，着力开创中国特色高质量教材体系建设新局面。

---

[1] 教育部关于印发《新时代马克思主义理论研究和建设工程教育部重点教材建设推进方案》的通知[EB/OL]. 中国政府网 .（2022-02-19）[2024-03-04]. https://www.gov.cn/zhengce/zhengceku/2022-03/10/content_5678231.htm.

二、正确认识当前教材建设取得的成绩与不足

近年来，中南财经政法大学教材工作坚持以习近平新时代中国特色社会主义思想为指导，深入贯彻党的二十大精神，全面落实教材国家事权，加强宣传引导，健全体制机制，突出建管结合，强化审核监督，在教材建设与管理等方面取得了一些亮点和成绩。

（一）通过注重宣传教育引导，师生思想认识进一步提高

2020年11月和2023年12月，学校两次召开教材工作领导小组会议，旗帜鲜明地重申了教材工作的政治属性，强调了做好教材工作的重要政治意义。近年来，学校在多种场合，通过组织本科教育教学工作会议、教材建设与管理专题培训会议、“马工程”重点教材申报经验交流会、《习近平新时代中国特色社会主义思想概论》教材使用工作调研会等形式，广泛开展宣传教育，全校上下在思想上对教材是国家事权的认识基本到位，广大师生做好教材工作的政治自觉、理论自觉和行动自觉进一步增强。

（二）通过建立健全组织制度，教材管理工作进一步规范

坚持党对教材工作的全面领导，落实教材建设国家事权在体制机制上有充分的保障。学校成立了由党委书记和校长任组长的教材工作领导小组，负责贯彻落实党和国家有关教材的各项方针、政策，研究解决学校教材工作中的重大问题。领导小组下设教材工作组，负责各项具体工作。各教学单位成立教材工作小组，负责本单位的教材建设与管理工作。学校制（修）订了《教材建设与使用管理办法》《本科教材建设规划（2023—2027年）》等管理

制度，教材工作在体制机制上更加完善、在职能分工上更加科学、在运行管理上更加规范有效。

（三）通过推进校级教材专项建设，教材体系进一步健全

一是加大资金投入，完善考评机制。学校设立教材建设专项经费，每年投入不少于 150 万元资金保障教材建设，同时将教材建设作为教学单位年度考核和教师职称评聘重要指标。二是常态化开展教材立项、优秀教材评选工作。学校持续加强校级教材建设，发挥优秀典型示范作用。2020 年以来，共计立项 120 余项校级教材项目，评选 36 本校级优秀教材。初步建立起了专业课程教材为主、通识课程教材为辅，经典传承教材、关键核心领域教材、交叉融通特色教材和新形态立体化教材同步发展的教材体系。三是探索打造特色化教材。学校充分发挥经法管主干学科优势，紧紧围绕建设“财经政法深度融通特色鲜明的世界一流大学”的办学目标，以财经政法融通特色课程为载体，邀请专家、学者组织编写代表性融通型教材，目前已出版《法商管理》《企业刑事合规》《社会治理法学概论》等 10 余本融通型教材。同时还与清华大学出版社签订融通型教材合作协议，将通过校社强强联合，开拓融通型教材建设新局面。

（四）通过参与国家级教材建设，服务教育强国能力进一步增强

一是加强“中国系列”教材建设工作。在积极推动构建中国特色哲学社会科学教材体系上贡献智慧，展现学校特色，体现学校价值。《中国财政学》和《中华人民共和国经济史（1949—1978 年）》教材团队，成功入选首批中国经济学教材编写团队。二是加强“马工程”重点教材建设工作。学校于

2023 年推荐《中国涉外法治》《中国国家安全法学》《中国产业经济学》《中国经济思想史》4 本教材申报第一批新时代教育部“马工程”重点教材。学校名家教授参与教育部“马工程”教材《刑法学》《宪法学》《刑事诉讼法学》《国际私法》等教材的编写修订工作。三是加强国家级教材奖建设和培育工作。吴教授荣获首届全国教材建设奖先进个人，其编写的《知识产权法（第五版）》获评为全国优秀教材二等奖。四是加强教材专家队伍建设工作。多位教授专家受聘为国家教材委员会专家委员和省教材委员会专家委员。

（五）通过强化选用审核监测，风险防范能力进一步提升

学校严格教材选用审核程序，强化公示监督和问责处理，并将“马工程”教材、境外教材的选用作为管理重点，确保教材的方向性、思想性和科学性相统一。2020 年以来，学校通过开展“马工程”重点教材年度检查、法学类教材、外语类教材及境外教材专项排查等专项工作，排除了风险隐患，建立了黑名单制度，提升了教材选用质量。截至 2020 年，学校“马工程”教材课程覆盖率、教材使用率均为 100%，并列同类高校之首。2023 年，学校组织任课教师高质量完成了 41 种教育部“马工程”重点教材监测评估工作。

（六）尚存问题

在取得上述成绩的同时，学校教材工作仍存在一些亟待解决的问题。这些问题主要有：一是对教材建设的重要性认识还需要进一步增强。一些学院和教师对教材工作的重要性认识不足，工作的紧迫感不强，教材建设工作存在统筹、谋划、落实不够的问题。二是教材体现人才培养模式变革的新理念、新要求不足，内容价值导向与知识教育的深度融合还需要进一步加强。三是与高质量人才培养体系相适应的教材体系尚未建立，高水平特色化教材建设

有待进一步推进。四是教材研究存在薄弱环节，教材建设距离支撑服务高质量一流人才培养能力需求，还有很大的提升空间。

三、新时期高校教材建设的思路与举措

新形势、新任务对教材工作提出了新要求，下一步学校将以全国教材工作会议精神[1]为指导，牢牢把握教材建设的政治方向和价值导向，落实国家事权，服务国家战略，全力打造更多培根铸魂、启智增慧的精品教材，选优用好各类高水平优质教材，深入开展教材建设研究，不断提升教材建设和管理水平，为培育时代新人、建设教育强国提供坚实支撑。

（一）把牢政治方向，强化责任担当

习近平总书记在 2018 年全国教育大会上强调，教材建设要加强政治把关。[2]政治上把握不对、不到位的教材，要一票否决。学校党委必须进一步加强对教材的全面统一领导，完善管理制度，健全管理体制，建强管理队伍，压实管理责任。相关职能部门和主责单位必须扎实推进教材选用和监测工作，坚持教材“凡编必审、凡选必审、凡审必严”的原则，严把教材政治关、学术关和质量关，确保教材的思想性、科学性和适宜性的有机统一。

---

❶ 教育部．教育部召开 2024 年度全国教材工作会议 [EB/OL].（2024-03-14）[2024-03-15]. http：//www.moe.gov.cn/jyb_xwfb/gzdt_gzdt/moe_1485/202403/t20240314_1120401.html.

❷ 教育部．习近平在全国教育大会上强调　坚持中国特色社会主义教育发展道路　培养德智体美劳全面发展的社会主义建设者和接班人 [EB/OL].（2018-09-10）[2024-03-15]. http：//www.moe.gov.cn/jyb_xwfb/s6052/moe_838/201809/t20180910_348145.html.

（二）坚持守正创新，突出培根铸魂

教材是学校教育教学各项活动有序开展的基本依据，是解决“培养什么人、怎样培养人、为谁培养人”这一根本问题的基本载体。因此，教材必须适应新时代人才培养模式变革和社会发展新要求，在建设内容上既要弘扬优良传统，广泛吸收人类社会优秀文明成果，又要及时回应社会关切，紧密对接国家战略需求，深入探索教材内容和教材体系创新。在建设形式上，要积极响应国家教育数字化战略行动，把握数字化发展方向，充分利用新一代数字技术，融合学校优质资源，建设示范性新形态教材。在建设价值导向上突出“培根铸魂、启智增慧”，深入推进新时代党的创新理论进教材，充分反映马克思主义立场观点方法，充分反映中华民族灿烂文化、民族精神、时代精神和党的百年奋斗重大成就、历史经验，打好中国底色，厚植红色基因，真正把“培根铸魂、启智增慧”融入好、落实好。

（三）实施分类发展，优化教材体系

充分发挥学校学科优势和人才培养特色，按照分类发展、稳步推进的建设思路，不断优化教材体系。一是持续推动建设一批高水平精品教材。例如扎实推进中国经济学教材编写出版工作，做好新时代首批教育部“马工程”重点教材申报保障服务工作，加快构建以自主知识体系为核心的教材体系。积极做好“十四五”国家级规划教材和第二届全国教材建设奖培育和申报工作，打造一批高水平标杆教材。二是重点建设一批关键核心领域教材。依托一流学科、专业和课程专家团队，在学校经、法、管等优势学科领域组织建设一批反映国际学术前沿、国内高水平学术成果的核心教材；在新文科、新工科重点领域，建设一批面向国家社会新兴战略需求的核心教材、涉外法治领域教材、产教融合教材。三是精心打造一批财经政法融通特色教材。依托经、法、管融通课程团队，邀请具有丰富教学经验和高水平学术研究能力的教授、学者组织编写一批代表性融通型教材，支撑学校财经政法深度融通特色人才培养。四是持续建设一批经典传承教材。秉持“融通性、创新型和开放式”人才培养理念，推动使用时间长、影响范围广、师生认可度高的国家优秀教材和“十一五”“十二五”国家级规划教材修订再编，提升经典教材生命力、影响力。五是探索建设一批示范性新形态教材。充分利用新一代信息技术，融入互联网、人工智能、虚拟现实等前沿先进技术，整合优质资源，创新教材呈现方式，以数字教材为引领，探索建设一批理念先进、规范性强、集成度高、适用性好的示范性新形态教材。

（四）深化教材研究，推动改革创新

强化教材对一流课程、一流专业和一流人才培养的支撑作用，加大教材研究工作力度，推动教材工作高质量发展。一是充分发挥学校各级专家库专家监督指导作用，开展教材编写、选用与监测专题培训，打造高素质、专业化教材建设队伍。二是设立校级教材研究项目，积极引导广大教师开展教材建设规律、教材重点难点热点和前瞻问题研究，推动教材管理和建设工作改革创新。三是探索开展校级教材研究基地建设，对照国家教材基地建设目标要求，整合学校优质资源，鼓励有一定条件和基础的学院和学科先行先试，为新一批国家级教材重点研究基地申报工作奠定基础。

教材是国家意志、国家事权、“国之大者”，教材工作责任重大、使命光荣。必须坚持以习近平新时代中国特色社会主义思想为指导，全面贯彻落实全国教材会议精神，坚定地做教育强国建设的执行者、行动派、实干家，不断开创高校教材工作新局面，为构建中国自主知识体系，培育时代新人、建设教育强国提供坚实支撑。

第四节 信息化建设

随着计算机技术的迅猛发展，教学管理信息化已经成为教育领域不可或缺的一部分。从早期的单机应用，到局域网络的普及，再到当前云计算与大数据技术的广泛应用，教学管理信息化经历了从简单到复杂、从封闭到开放的演变过程。目前，各高校均已实现了教学管理的基本信息化，这不仅提高了管理效率，也为教学活动的优化提供了数据支持。随着高校规模的不断扩张和管理任务的日益复杂化，传统的信息系统，由于其主要功能局限于简单的数据处理和业务流程管理，已难以满足现代高校的发展需求。管理部门迫切需要一种更加安全、智能、高效和个性化的管理系统，以适应不断变化的教育环境和挑战。

数据赋能，即通过数据的收集、整合、分析和应用，为组织或个人提供有价值的信息和见解，是推动决策优化、业务创新和效率提升的关键因素。在高等教育教学管理领域，数据赋能的作用尤为显著。通过对学生学习需求和行为特征的精准分析，数据赋能为个性化教学提供了坚实的依据；通过对教学过程数据的深入分析，可以揭示教学中存在的问题和不足，从而优化教学内容和方法。此外，数据赋能还促进了教学管理的科学化和精细化，它为决策者提供了准确、及时的数据支持，显著提升了教学管理的水平和质量。因此，数据赋能不仅是一种技术手段，更是一种战略资源，对于实现教育目标和提升教育质量具有不可替代的价值。

一、当前高校教学管理信息化建设存在的问题

在探讨当前高校教学管理信息化建设存在的问题之前，可以简单地回顾

高校教学管理信息化演进的过程，尝试从发展规律中正视存在的问题。

高校教学管理信息化的演进大致可划分为以下几个关键阶段。20 世纪 80 年代，随着计算机技术的逐步普及，其在高校教学管理中的应用初露端倪。计算机开始被用于处理诸如学生成绩、教学计划等关键信息，标志着教学管理自动化的初步实现。进入 20 世纪 90 年代末，互联网技术的兴起为教学管理带来了革命性的变化。教学管理工作开始向网络化处理转型，实现了信息的集中化管理，极大地提高了信息处理的速度和准确性。到了 21 世纪初，移动互联网和智能终端技术的迅猛发展，推动了教学管理进入一个全新的全面信息化时代。在这一时期，各种信息化工具得到了广泛应用，它们不仅极大地提升了管理效率，同时也显著提高了管理质量。这一发展历程反映出了科学技术进步如何深刻影响并推动教学管理实践的变革，同时也凸显了信息化在教育质量和管理效率方面有待提升的地方。

（一）管理不够重视，仅满足于教学基本功能运转

当前，部分高校在教学管理信息化建设方面存在一定的认识不足。管理层往往过分侧重于确保教学活动的顺畅执行，而未能充分认识到信息化建设在提升教学管理质量和效率方面的潜力与重要性。例如，在一些高校，教学管理系统的功能相对单一，主要限于基础的课程安排和成绩录入等基本操作，缺乏对教学过程进行全面监控和深度分析的能力。

（二）存在数据孤岛，不能提供有效数据决策

高校教务、科研、人事等部门往往独立运作，各自开发和维护自己的信息系统，这些信息系统之间缺乏统一的数据标准和交互接口，从而形成了“信息孤岛”现象。这一现象严重阻碍了数据的整合与共享，限制了决策支持

的有效性。例如，学生工作部门、人事部门及科研部门在处理教师归属单位问题时，由于单位代号和名称的不一致性，数据的流畅交互和业务的直接连通变得困难重重。这种不一致性不仅造成了工作效率的低下，也影响了部门间的协同合作和信息的透明度。

（三）管理不规范，存在数据安全隐患

高校教学管理在信息化过程中存在管理不规范的问题，主要体现在相关监督和审查制度不完善，系统权限设置不科学、不合理，数据操作流程缺乏明确标准，导致数据的准确性和完整性难以保障。同时，数据安全面临严峻挑战，存在数据泄露、被篡改等风险。例如，部分教职工在处理学生数据时未遵循严格的操作规范，可能造成数据错误；而网络漏洞可能导致学生敏感信息被窃取。

二、教学管理信息化建设必要性

（一）适应教育改革与发展的新需要

2024 世界数字教育大会倡议教育数字化是全球范围内教育变革的战略选择与关键举措，要深入推进数字教育治理。[1]随着教育改革的不断深入，高校教学模式呈现多元化的趋势，包括辅修学位、学分制、微专业和微课程等新型教学模式的推广，对教学管理提出了更高更复杂的要求。传统的管理方式难以应对复杂多变的教学安排和学生需求，教学管理信息化建设能够提供灵活、高效的管理手段，满足教育改革的新需求。在数字化时代，信息技

❶ 教育部．全球数字教育发展指数和中国智慧教育发展报告 2023 发布 [EB/OL].（2024-01-31）[2024-01-31]. http：//www.moe.gov.cn/jyb_xwfb/gzdt_gzdt/s5987/202401/t20240131_1113641.html.

术的发展日新月异。高校作为知识创新和人才培养的前沿阵地，必须紧跟时代步伐，积极推进教学管理信息化建设以更好地培养适应时代需求的创新型人才。

（二）提升教学质量和管理效率的必由之路

教学质量的持续提升是教育工作者和管理者共同追求的目标，科学高效的管理策略是实现这一目标的关键因素。信息化建设已成为优化教学管理流程的重要工具，它不仅能够简化烦琐的人工操作，而且通过自动化和智能化手段显著提高了工作效率。信息化建设的核心优势在于其对数据的实时采集和深入分析能力。通过构建高效的数据收集系统及时捕捉到教学过程中的各种信息，包括学生反馈、教学资源使用情况及课程评估结果。这些数据的实时分析为管理者提供了宝贵的洞察力，使他们能够迅速识别教学中存在的问题，并采取针对性的改进措施。

（三）满足学生个性化发展的现实需要

在当今教育领域，学生个性化发展的需求日益凸显，成为高等教育质量提升的关键因素。随着学习需求和路径的多样化，传统的“一刀切”教学模式已难以满足学生的个性化成长。信息化建设的引入，为实现这一目标提供了强有力的支持。通过先进的信息技术，高校能够收集和分析学生的学习成绩、兴趣爱好、学习习惯等多维度数据。这些数据的深入挖掘和应用，使得教育者能够设计出符合每个学生特点的个性化学习方案。例如，利用智能推荐系统为学生推荐适合其兴趣和能力水平的课程和学习材料，或者通过学习管理系统（LMS）跟踪学生的学习进度，及时调整教学策略。

三、教学管理信息化平台建设原则

（一）确保数据安全，提升管理人员数字化素养

在高校教学管理信息化平台建设过程中，数据安全性的保障是至关重要的一环。首先，必须构建严格的数据访问和使用权限体系，确保只有经过授权的人员才能访问和操作相关数据资源，从而有效预防未授权访问和数据泄露的风险。其次，强化数据加密技术的运用，对敏感数据实施加密存储与传输，以增强数据的保密性和完整性。最后，定期进行数据备份并建立灾难恢复机制，这是应对潜在数据丢失或损坏情况的关键措施，这样不仅能够确保数据的持续性和可靠性，也是信息化平台稳定运行的基石。

提升管理人员的数字化素养，是确保数据安全和平台有效运作的根本。熟练的数字化能力、强烈的数字化意识，不仅是提升管理人员工作效能的现实需要，也是保障系统平稳运行、数据安全有效的基本要求。在信息化建设完成后，可由开发公司开展培训工作，内容涵盖系统业务操作流程、数据安全意识、信息化管理知识及最新技术应用等多个方面。同时，学校应该鼓励管理人员积极参与行业交流与学习活动，以掌握前沿的数字化管理理念和方法。

（二）打通数据孤岛，精准提供数据决策分析

为了打通高校教学管理中的“数据孤岛”，首先需要建立统一的数据标准和规范，包括明确数据的格式、类型、定义及采集流程，以确保不同部门间数据的一致性和准确性。其次搭建数据交换平台，提升数据整合能力，确保数据流的无缝对接和实时更新。可由信息管理部门建立中心数据库、确定统一接口，形成数据中心池。最后建立数据治理机制，对数据的准确性、完整性和时效性进行定期审查，并及时纠正发现的错误和不一致性。

通过数据互通共享，能够为教学管理提供全面、准确的数据决策支撑。利用数据分析工具，对整合后的教学数据进行深入挖掘和分析。例如，可以通过数据透视出当前教室和课程资源，合理分配教室使用和及时补充课程资源；对教师教学任务、实践任务、科研任务数据的汇总分析，可以帮助人事部门制定合理的教师必需工作量。这些分析结果为制定科学合理的教学管理决策提供了依据，有助于优化教学资源配置、改进教学方法和课程设置，最终提升教学质量和管理效率。

（三）借助信息化优势，持续推进管理规范化

充分借助教学管理信息化系统的优势，实现管理流程的规范化和标准化。对教学计划制订、课程安排、考试管理、成绩评定等各个环节，明确详细的操作流程和规范，并在系统中进行固化和约束。利用系统的自动化和智能化功能，减少人为干预和错误，提高管理的准确性和公正性。

通过系统设定规范化流程和精准化权限，促使各类使用者严格遵守。对于能够在线上处理的业务尽量在线上处理，以便于留下操作痕迹。对教学管理中关键工作进行实时监控和预警，设置关键指标和阈值，当出现异常情况时，及时发出提醒，以便管理人员及时采取措施进行调整和改进。此外，利用系统生成的各类报表和统计数据，对教学管理工作进行定期评估和总结，发现问题并持续优化管理流程和制度。

四、教学管理信息化平台建设要点

（一）确保基础数据准确规范

基础数据的准确性和规范性是高校教学管理信息化平台有效运行的基

石。高校应明确基础数据的范畴，涵盖教学单位信息、专业信息、学生与教师个人信息、课程信息、教学资源信息等。充分考虑各类信息包含的属性，也即数据表的字段内容，在保证实用性的同时要兼顾扩展性。制定严格的数据录入标准和流程，确保数据的一致性和完整性，设置必填选项和格式校验。

建立数据审核机制，对录入的数据进行定期或不定期的检查。如安排专人负责审核课程安排数据，确保课程时间、地点、授课教师等信息无误。同时，加强数据维护工作，及时更新和修正错误或过时的数据。对于学生转专业、课程调整等情况，要及时在系统中进行相应的数据变更。

（二）确保充分调研业务需求

教学管理系统不是教务部门一家的系统，而是所有参与教学管理活动集体的系统，使用面广、受益群体大，所以要充分收集学生工作部门、教师管理部门、后勤管理部门、各学院等建议以及学生、教师、教辅人员等意见，形成丰富翔实的调研报告，在此基础上进行系统功能的开发。

首先，明确调研的目标和范围，包括教学管理的各个环节和相关人员的需求。可以采用问卷调查、访谈、座谈会等多种方式收集需求。例如，向教师了解课程安排、教学资源分配方面的需求，向学生收集关于选课、成绩查询等功能的期望。

其次，对调研结果进行深入分析，梳理出共性需求和个性化需求。比如，发现多数教师希望系统能提供更便捷的教学资料上传和共享功能，而不同专业的学生对于选课系统的操作便捷性有不同要求。根据分析结果，制定详细的需求文档，为平台的设计和开发提供明确的指导。

（三）确保测试工作重点全覆盖

在教学管理信息化平台开发完成后，要精心组织测试和试用工作。测试阶段应全面覆盖功能测试、性能测试、兼容性测试等多个方面。例如，对成绩录入功能进行反复测试，确保数据准确无误且操作流畅；测试系统在大量用户同时访问时的稳定性和响应速度等。

邀请包括教师、学生、管理人员在内的不同类型用户参与试用，以收集全面的反馈意见。这些反馈应涵盖操作的便捷性、功能需求的满足度、界面的友好性等多个维度。对于在试用过程中发现的问题和不足，应及时进行优化和改进。例如，根据用户反馈对选课界面的布局进行调整，以提高其清晰度和易用性。

（四）确保系统持续提升改进

教学管理信息化平台需要持续提升改进和优化功能，以适应不断变化的教学管理需求。根据校内业务流程的变化，及时向开发公司提出新的功能需求，将最新的管理理念融入系统运行进程中。定期评估系统的使用效果，分析用户的行为数据和反馈意见。

另外，还可以基于评估结果，有针对性地进行功能升级和优化。如增加教学评价的多维度指标，完善教学资源的分类和检索功能。同时，关注信息技术的发展，适时引入新的技术和理念，提升系统的智能化水平。例如，利用人工智能技术为学生提供个性化的学习建议等。

五、教学管理信息化平台功能模块

（一）系统维护管理

系统维护管理主要负责整个系统的权限设置、用户权限分配、系统数据字典或公共数据建设、系统操作日志的管理等（图 4-1）。

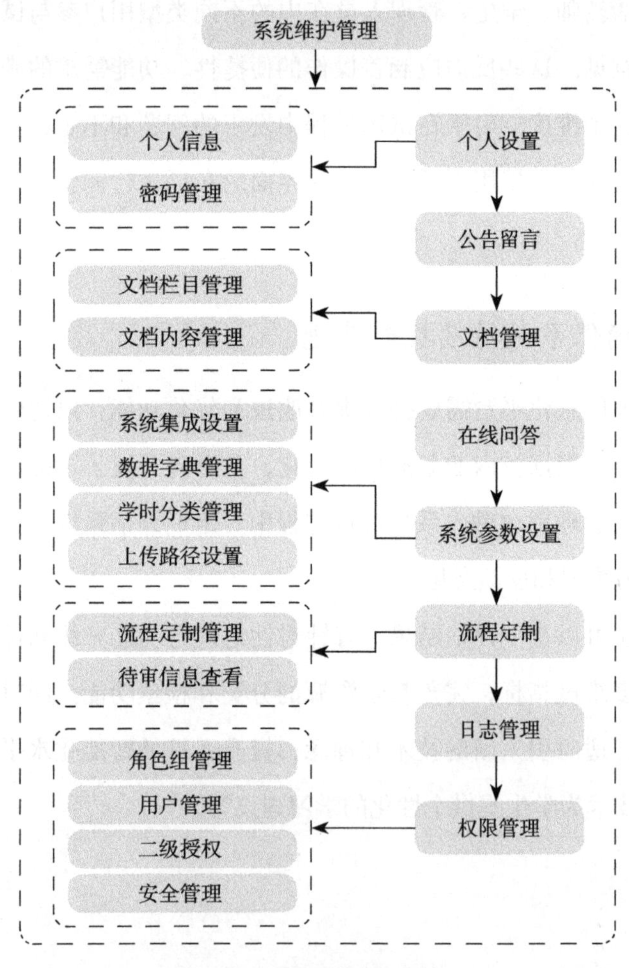

图 4-1　系统维护管理流程

系统的权限设置以业务系统为索引，各个功能逐步展开，每个功能操作点均设置操作权限控制，也就是按钮级别的权限设置，这样就实现了权限分配的真正自由。系统在分配用户权限的时候，不是直接将权限分配至用户，而是先设置角色组，再设置角色组的权限，最后将用户与角色组进行匹配。当然一个用户可以有多个角色，用户拥有的就是与之关联角色的权限总和。在资源的使用方面，系统也设置了资源的使用范围控制机制，保证用户只能使用其业务管辖范围内的资源。例如，教学秘书只能管理其所在院系的教学安排、排课、考务等业务，辅导员只能管理其负责班级的相关业务等。

根据信息系统的通用设计规律，数据字典和部分重要公共信息统一设计为系统管理模块的子模块。例如，根据国家教育信息化标准制定的一些数据字典，以及系统设计所需的公共文件上传路径等。

同时系统还具有能够记录所有用户操作日志的功能，可以由系统管理员根据实际需要配置记录相应功能点的操作日志，以便更加安全、合理地管理整个系统。

在系统维护管理模块中还包含了系统集成功能，用户可以将已有的子系统通过开发接口与综合教务管理系统对接，实现数据信息共享。

（二）基础资源管理

基础资源管理子系统提供整个教务系统正常运行所需的基础数据集，是保证系统有一个统一、标准的基础数据集，便于数据的共享使用。系统能动态跟踪教学资源的变化情况，准确掌握教学资源的分类构成，保障教学的日常管理和教学的正常运行。子系统主要有课程基础资源和公共基础资源管理（图 4-2）。

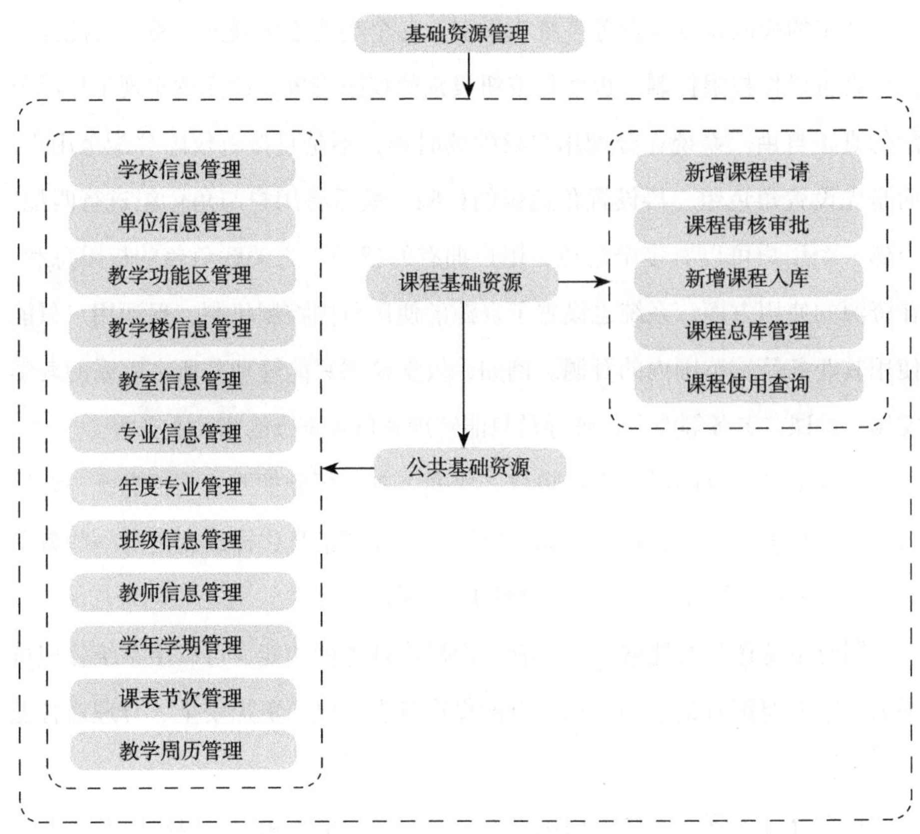

图 4-2　基础资源管理流程

子系统所有基础代码集来自教育部最新的《教育管理信息化标准》，在此基础上结合学校情况，形成学校信息化标准支撑内容，可以方便实现与学校数字校园基础平台进行无缝集成。

（三）学籍信息管理

学籍管理工作是高校教学管理工作的重要组成部分，涵盖学生从入学到毕业整个在校期间的学习活动全过程。学籍信息管理子系统具体包括基本信息管理（照片、简历、家庭、入学、奖励、处分、异动、成绩、学位、毕业信息等）、报到注册管理、专业分流管理、学业预警管理、学籍异动管理、毕业信息管理和学分完成情况等。子系统可以处理并记录学生在整个学习期间的学籍、专业、奖惩等信息变动（图 4-3）。

基本信息管理：学生可以在管理人员的协助下，对个人信息进行核对并可提交修改申请，经管理员审批后，自动更新到学生基本信息中；同时可以维护学生的家庭信息、简历、奖惩信息、学生异动等综合信息，也可以通过系统自动生成电子注册上报数据、学籍异动汇总表等相关报表，提供学生证件打印服务等。

报到注册管理：报到注册管理是指学校依据《普通高等学校学生管理规定》对学生实施基本信息登记和在学资格认定的管理，是对学生学籍有效性的一种认可。为了规范学生信息管理，实施学费收取与注册工作直接挂钩，强化注册管理环节，系统可实现将注册结果作为为学生开放相关服务的依据，控制学生不注册不能获得相关服务（选课、查询成绩、查课表、查看考试安排等）。

专业分流管理：为迎合高校大类招生的教学改革，实现学生可自由选择细分专业。该功能可以由学校设置专业分流条件，学生在线提交志愿或院系直接录入，提供转出、转入学院、教务部门等多级审核方式管理，并提供快速编班管理及相关信息统计分析。

学业预警管理：根据各学校的学籍管理规定要求，系统提供可由学校自由设置学籍预警程度（如警示、留级、退学等），可设置按学期、学年或多学年内累计修读情况的条件进行管理，并自动审查出不同程度预警学生信息，一键完成学籍清理，并可按管理人员要求，自动将预警信息推送到相关用户个人门户。

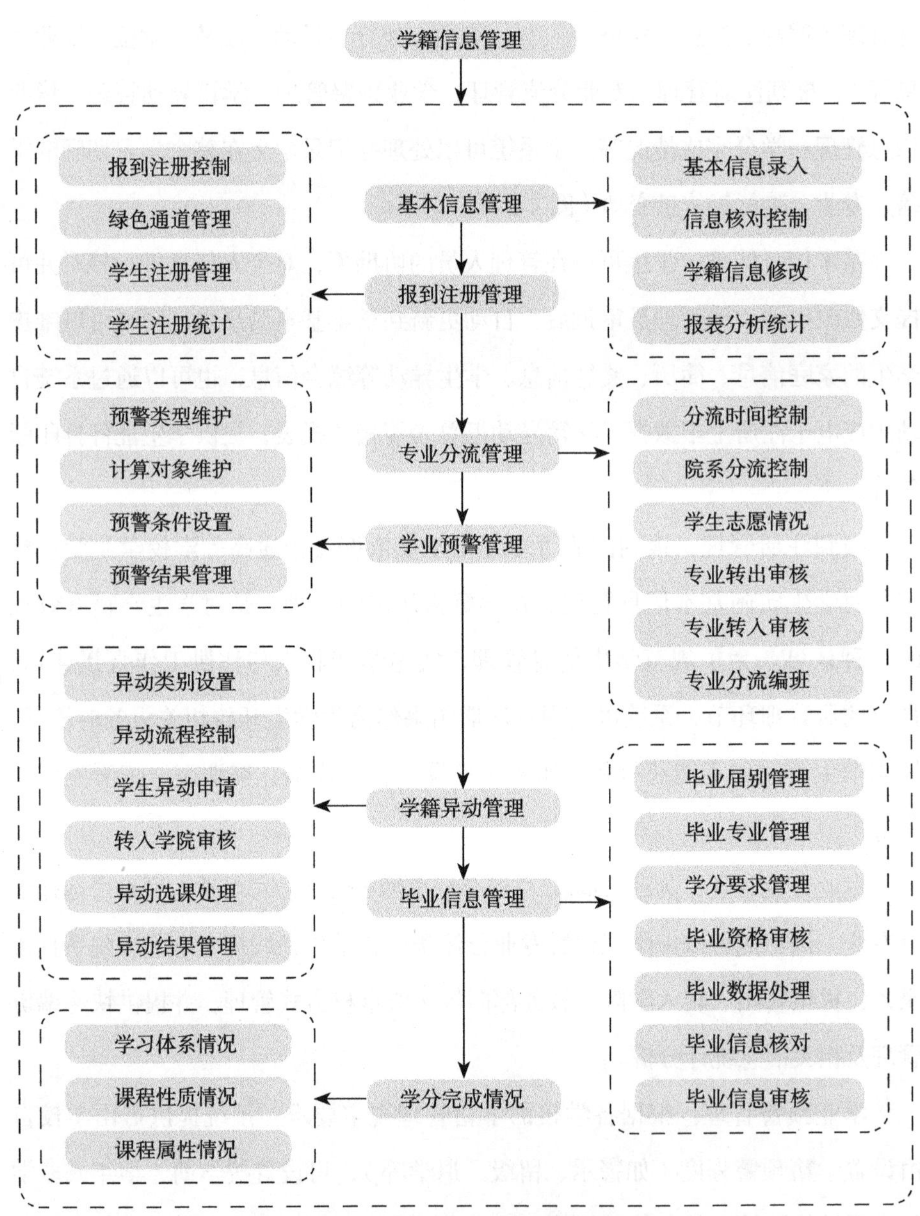

图 4-3 学籍信息管理流程

学籍异动管理：可以针对不同类型异动业务流程的需要，单独定制异动流程（如转专业、留降级、退学等），并对异动后所涉及的相关模块的业务数据进行定制管理（如对排课、考试、评教、成绩、用户信息等模块的影响）。

毕业信息管理：结合各专业学业修读要求，系统提供灵活的毕业和学位资格审查条件设置功能，能够方便地按条件审查出学生的学业修读状态（予以结业、准予毕业、是否获学证等），并配套实现相关证书的管理，毕业生数据处理，以及毕业学生查询等功能。

学分完成情况：可以实现按照培养方案体系、课程性质以及课程属性来查看学生的学分完成情况。

（四）教务运行管理

教务运行是开展教务工作的保障，高校教务运行管理主要是学校各级相关单位对开课生成、开课安排、开课课表编排、选课安排、课表调整、教室借用等一系列活动的管理。教务运行管理子系统包括开课安排管理、分级教学管理、学生选课管理、课表编排管理及其他与教务有关的日常运行管理工作（图 4-4）。

开课安排管理流程一般分为开课生成、开课管理、编排课表、选课管理、日常教学管理等环节。每学期根据教学执行计划生成的开课任务是智能排课、网上选课、成绩管理、教学质量监控、教材管理、考试管理等教学活动最基本的数据依据。开课任务中包含课程基本信息、课程安排信息、教学班信息、合拆班信息、任课教师信息等。

分级教学管理主要是针对数学类、英语类、体育类等课程，按照学生基础情况分为不同的难度级别教学，主要包括分级课程管理、分级学生管理、分级班级管理、分级开课管理。

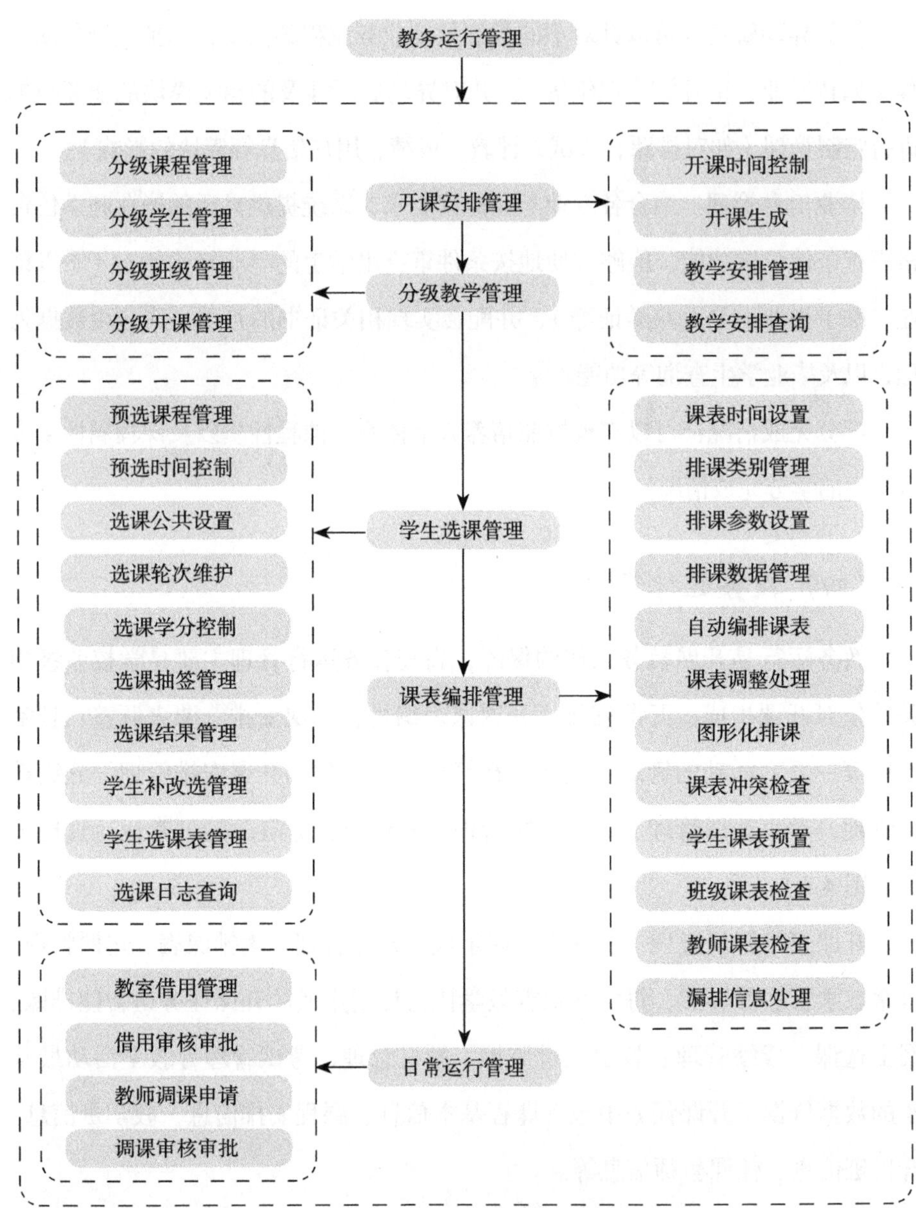

图 4-4　教务运行管理流程

学生选课管理模块为学生选课提供全方位的服务，满足完全学分制、学年学分制下的学生选课业务（预选和正选）处理，同时有随机抽签选课、志愿填报选课、积分投注选课等多种选课模式可以选择使用，支持补退选。学生正常选课是在生成开课通知单并编排好课表以后进行。将开课通知单转入选课系统，系统设定各课程限选人数、限选专业、限选年级。在规定时间范围内学生可自主选择课程，选课结束后系统按照约定的选课规则进行处理，如启用抽签选课，则学生选课结束后系统按抽检方式抽签决定学生是否选中，学生可对选课结果进行补退选操作，直至选课活动完全结束。

课表是高校落实教学任务、实施教学活动的依据。课表编排管理模块能够依据学期教学任务、教学资源、学生学籍及学期校历(周次)，简便快捷、科学合理地完成学期课表编排。在教学安排完成后转入课表编排管理，对课堂安排进行设置，参数设置后，系统依据设置条件进行智能排课。排课系统采用迭代优化算法大大提高排课的效率和合理性，支持多种管理模式下的分类排课管理，如最常见的二级学院排课模式。

日常运行管理主要包括教室借用管理和教师调停课业务。教室借用管理以系统提供的教室实时状态分布表为依据，支持各种角色的人员在线申请借用空闲教室。教师调停课包括调、停、补课管理，支持教师申请、多级审核确认的流程化管理，并可以将最终执行的课表数据作为教学工作量核算的依据。

（五）考务管理

考务工作是教学管理的重要环节。课程考核是检查教学效果、保证教学质量和提高学风的重要手段，通过课程考核可帮助和督促学生系统地复习和巩固所学知识，检查学生对所学知识和技能的理解程度和运用能力。考务管理子系统包括考务安排管理和考级安排管理模块两部分，前者对应校内课程考试，后者对应校外等级考试，例如大学英语四六级考试、计算机等级考试、普通话考试等（图 4-5）。

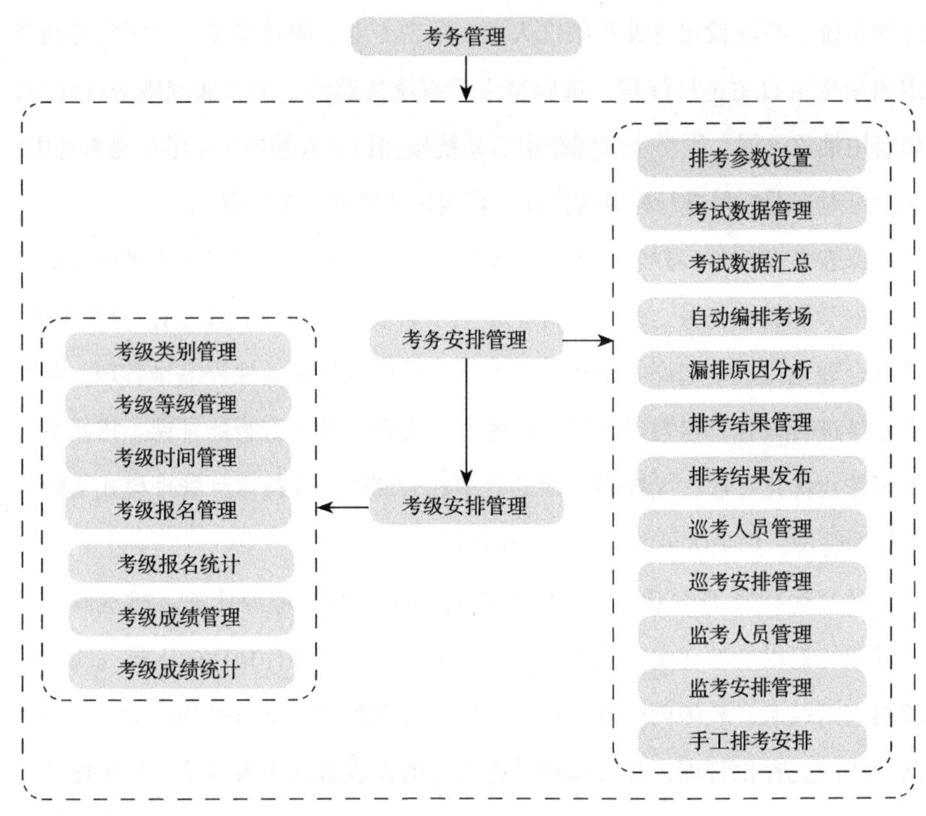

图 4-5　考务管理流程

考务安排管理是以开课数据为基础，利用已有教学资源，实现对考试课程、考试班级、考试地点、考试时间、监考教师等的自动安排和人工指定。

考级安排管理主要是实现校外等级考试的报名、统计、成绩管理等功能。

（六）成绩管理

成绩管理是学校教学管理中的核心组成部分，主要是学校各级相关单位对学生所修课程考核成绩进行认定、有效记录、分析、公布、存档等一系列活动的管理。主要包括成绩认定管理、成绩常规管理、成绩修改管理、补考信息管理、重修信息管理以及成绩乘系数管理等功能（图 4-6）。

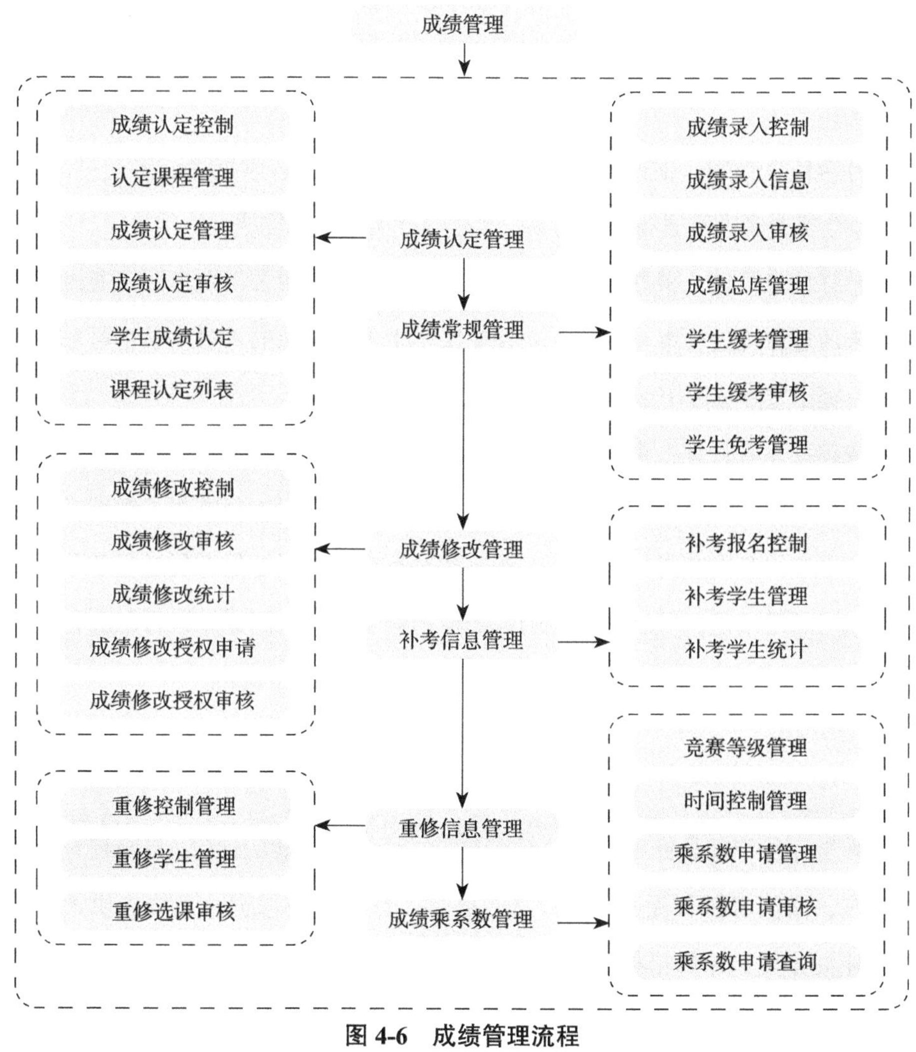

图 4-6　成绩管理流程

成绩常规管理：主要是对学生在每学期所学的课程成绩、获得学分情况进行有效管理。同时当成绩录入完毕，审核通过后，系统可以生成多种形式的查询分析统计报表，供学校统计查询学生的成绩和所得学分情况。

成绩认定管理：根据学校对异动学生的相关规定，针对异动学生可将其异动前所修的课程对应替换成现在所在专业计划里的课程进行成绩认定。

成绩修改管理：主要是给录错学生成绩的教师提供一个入口申请修改学生的成绩，由管理员审核通过后可直接修改学生的成绩，并提供相应的统计分析报表。

补考信息管理：根据学校的管理规定，针对学生各学期考试未通过课程，对各学生需补考课程进行审查清理，提供学生补考报名需求。

重修信息管理：根据学校学籍管理规定，针对学生各学期考试未通过或者补考未通过课程进行审查清理，并且提供学生重修选课的入口，学生可在规定时间内提出重修选课申请，由管理员审核通过生效。

成绩乘系数管理：主要是针对特殊学生，如艺术特长生、体育特长生等进行成绩加分的功能模块。由学校负责该业务的教师设置加分的相关细则，包括参加赛事取得名次获得固定加分、按系数对特定课程属性的课程进行加分、加分申请时间等细则，然后由相应的人员申请对学生的某门成绩进行加分，最后由该业务的负责人进行审核，实现对特殊学生成绩加分的功能。

（七）教学考评管理

教学评价管理是针对任课教师在教学方面工作绩效的评价，是高校开展职称评定、岗位聘任和优选先进评选等各项工作的重要依据。系统提供评估大类、评估分类、评价指标及选项的灵活设置，对不同的选项授予不同的权重数据，并形成多方位统计分析报表（图 4-7）。

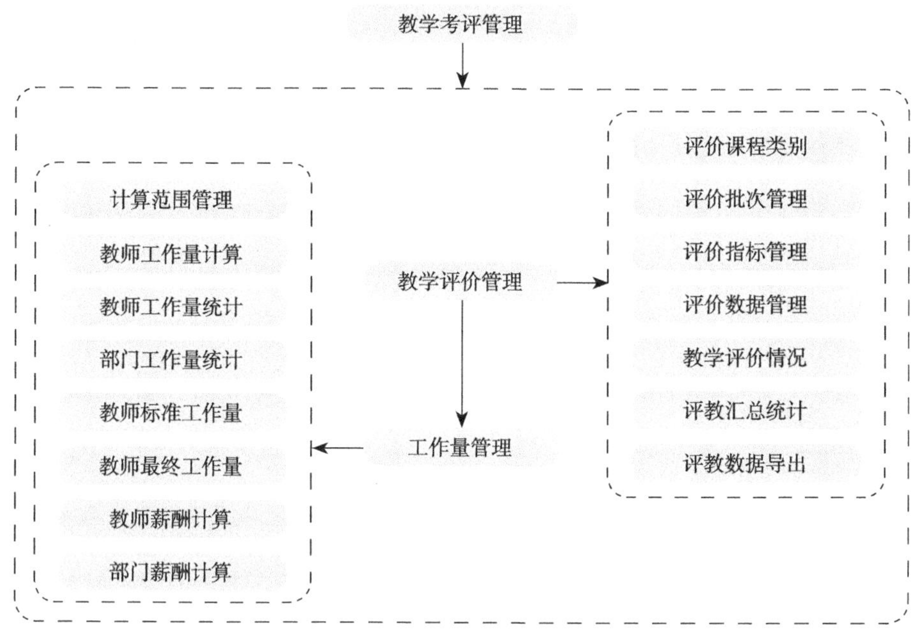

图 4-7　教学考评管理流程

教学考评子系统还包括工作量管理，教务部门和学院可以根据从选定学期的教学安排转入授课任务，通过设定的计算公式统计任课教师个人的授课工作量及部门工作量。

（八）教材管理

教材管理是高校教务管理中的一个重要环节，由于大学专业设置门类多，各专业每期开设课程的种类多，其业务不仅涉及出版部门，还要面对全校各系的授课教师、各班级的学生。教材管理子系统包括资源信息管理、计划与采购、发放与结算及教材报表管理等功能（图 4-8）。

计划与采购：根据教师提供的教材书目，发布征订计划，收集征订结果，形成采购清单。

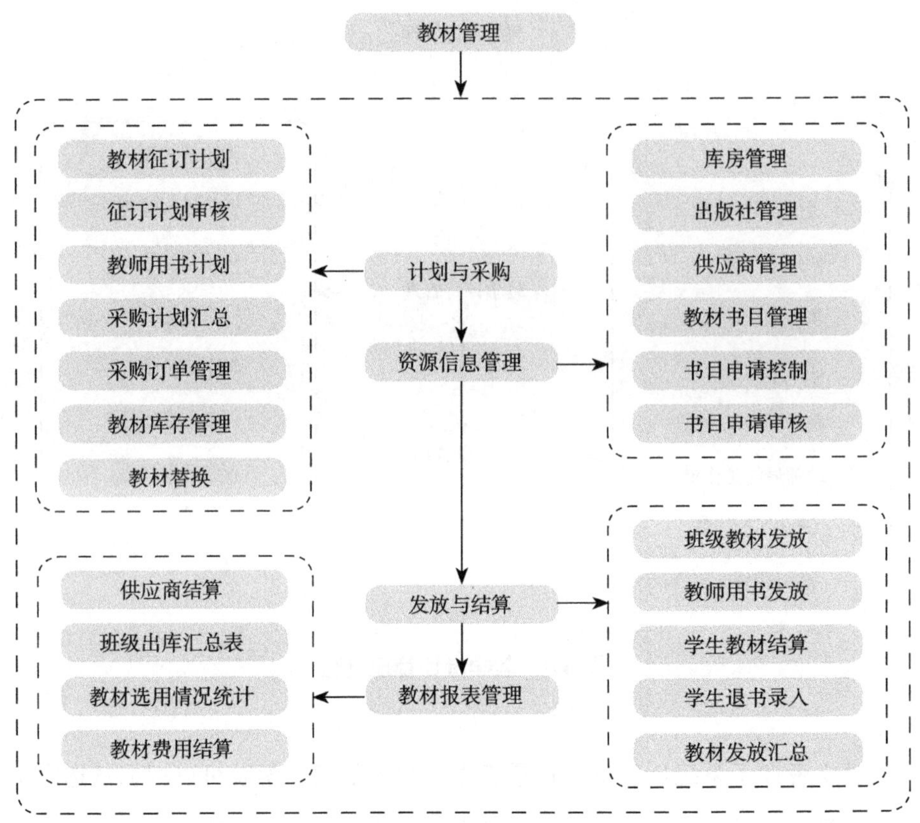

图 4-8　教材管理流程

资源信息管理：主要设定库房、出版社、供应商、教材书目等信息供其他环节使用。

发放与结算：根据师生申请情况，按数量发放给相应教师与学生，并做好退换书的记录。

教材报表管理：提供各类数据报表，以便于供应商结算、统计教材选用情况。

（九）辅修管理

辅修管理模块可以实现对学生在校期间根据自身的学习能力及学习兴趣完成第二专业修读计划过程的管理。符合报名条件的学生可通过系统在报名时间范围内对学校开设的辅修专业进行在线报名，经管理人员审核审批通过后，确认辅修学生名单及辅修专业，学生个人根据辅修专业培养方案要求，完成第二专业修读的全过程管理。子系统主要包括辅修报名管理和辅修异动管理两大块功能（图 4-9）。

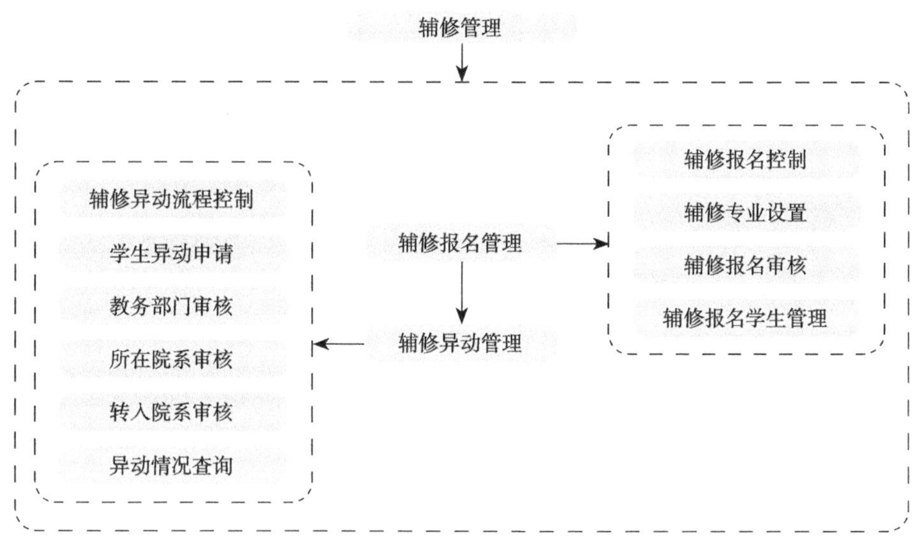

图 4-9 辅修管理流程

辅修报名管理：主要是设置辅修专业报名条件，管理审核报名学生等。

辅修异动管理：审核辅修报名通过学生的学籍异动审核。

（十）实践教学管理

实践教学是巩固理论知识、达到知行合一的有效途径，是培养具有创新意识高素质工程技术人员的重要环节。实践教学管理子系统包括毕业设计管理、实习实训管理、课程设计管理和学科竞赛管理（图 4-10）。

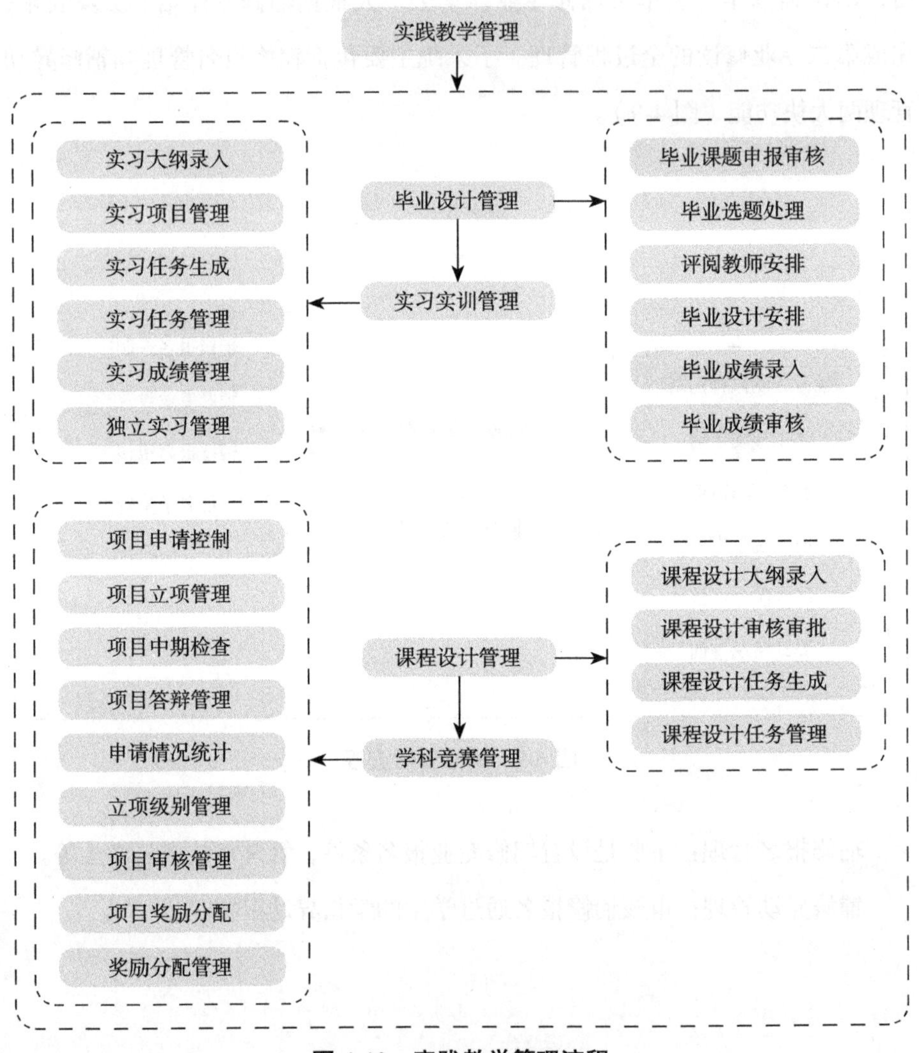

图 4-10　实践教学管理流程

毕业设计管理：为毕业生和教师提供毕业设计各个环节的功能需求，其中包括课题申报中的时间控制、毕业课题申报审核、选题处理、评阅教师安排、毕业成绩录入等功能。

实习实训管理：为高校实习实训活动提供各环节的功能需求，包括实习大纲的录入维护、实习项目管理、实习任务管理等功能。

课程设计管理：是依据培养方案的要求，锻炼学生动手能力，提高学生专业技能水平的实践教学环节。主要包括课程设计大纲录入、课程设计审核审批、课程设计任务管理等。

学科竞赛管理：是培养大学生综合素质和创新精神的有效手段和重要载体。主要包括项目申请控制、项目立项管理、中期检查、答辩管理、立项级别管理等功能。

（十一）教师用户端

系统为教师、教辅人员提供教学相关的各项服务，包括各项活动的申请、信息查询管理、师生互动管理、成绩提交、各类信息申报管理等，全面实现教师在校期间各项教学活动相关工作的信息化，为推进校园数字化提供强有力的技术支撑。

系统针对教师用户，提供方便的自助服务，包括查询服务、互动服务、申报服务，方便开展教学管理相关的工作。

教学任务查询：在线查询个人学期教学任务。

个人课表查询：在线查询、打印个人课表。

校历查询：对每学期发布的校历进行方便灵活的查询与打印。

成绩查询与打印：查询所有学期录入的课程成绩，打印课程成绩表与成绩分析表。

考试安排查询：在线查询每学期自己的监考或主考安排信息。

修改密码：在线进行密码的修改并提供密码找回功能。

教学日历维护：在线录入个人所任课程教学日历信息，提交后送院系审核，审批通过后可随时查询与打印。

网上评教：在线进行网上教学评价（可作为同行、领导等身份）及对自己的评价结果查询；并可对所任课班级进行学风评测。

成绩录入：定期网上录入学期课程成绩，送审上级主管部门，审批通过后查询和打印成绩单、成绩分析表等。

调停补课申请：在线进行课表调整申请，审核通过后系统将及时通知到相关人员。

成绩修改申请：针对录入过程中出错的学生课程成绩数据，可以提交修改申请。

课程申报：可在线申报公选课开课任务。

课题申报：作为指导教师，可在线进行课程设计或毕业设计课题网上申报管理。

（十二）学生用户端

系统为学生用户提供教学相关的各项服务，包括学籍成绩信息的查看与补缓考申请、培养管理查看、考试报名、创新创业项目申报、教学评价等，全面实现学生在校期间各项教学活动相关工作的信息化，方便学生快速处理教学需求。

系统针对学生用户，提供方便的自助服务，包括查询服务、互动服务、申报服务，方便开展教学管理相关工作。

学籍卡片查询：在线查询个人学籍信息。

学习完成情况查询：在线查询自己已修读培养方案进度和完成情况。

毕业情况查询：在线查询自己毕业审核结论，及时知晓毕业结果。

课程成绩查询与打印：查询所学课程成绩信息，打印已修读课程成绩单。

专业年级排名查询：在线查询自己专业年级排名情况。

课程资源查询：在线查询全校所有课程资源，可供选课时参考使用。

教学进程查询：在线查询当前周次、教学任务安排情况。

执行计划查询：在线查询培养方案的执行计划，有利于学生及时选修自己课程。

课表查询：在线查询自己的课表。

考场安排查询：在线查询本学期所有考试安排情况。

学籍异动申请：学生因病或其他原因休复学后，申请学籍异动到新的专业、班级学习。

专业分流申请：学生根据自身情况，选择专业大类分流后的专业方向。

课程替代申请：学生根据自身所获学分和应修学分情况，选项相近类课程进行课程替换，完成培养方案要求。

延后毕业申请：对应如期未能达到毕业要求的学生，可申请延后毕业继续修读。

补缓考申请：学生因病等申请缓考，或必修课未及格课程申请补考。

重修报名选课：上学期存在挂科情况，本学期重新选读该课程。

创新创业项目申请：学生在线申请创新创业项目，组合团队、选择指导教师等。

教学评价：学生客观如实评价课堂教师授课情况。

修改密码：在线进行密码的修改并提供密码找回功能。

后　记

新时代第二次全国教育大会于2024年9月9日至10日在北京召开，这是在以中国式现代化全面推进中华民族伟大复兴的关键时期，党中央召开的一次教育盛会，充分体现了以习近平同志为核心的党中央对教育工作的高度重视。习近平总书记强调:“教育是强国建设、民族复兴之基”“建成教育强国是近代以来中华民族梦寐以求的美好愿望”“建设教育强国是一项复杂的系统工程，需要我们紧紧围绕立德树人这个根本任务，着眼于培养德智体美劳全面发展的社会主义建设者和接班人，坚持社会主义办学方向。”

大会为新时代深化教育改革发展擘画了新蓝图，全面开启了以教育强国建设支撑引领中国式现代化的历史新征程。习近平总书记在大会上的重要讲话，是习近平新时代中国特色社会主义思想在教育领域的全面阐述，为加快推进教育现代化、建设教育强国、办好人民满意的教育指明了前进方向，提供了根本遵循，令人鼓舞、催人奋进。建设教育强国的使命任务赋予高校新的历史责任，我们要以更加强烈的历史主动精神肩负“为党育人、为国育才”的光荣使命，深入学习领会和贯彻落实习近平总书记重要讲话精神和大会精神，落实立德树人根本任务，践行教育家精神，为加快建设中国特色社会主义教育强国贡献自己的力量!

育人之本，在于立德树人。“培养什么人、怎样培养人、为谁培养人”是教育的根本问题，也是建设教育强国的核心课题。以加快推进高质量教育体系建设为着力点，既是提升拔尖创新人才自主培养能力的内在要求，更是高质量人才培养的前提性保障。要进一步巩固本科教育在人才培养中心工作中的核心地位、教育教学中的基础地位，要全面构建“三全育人”工作体系，将立德树人融入学校教育教学和管理的各领域、各方面、各环节，实现育人主体从单一走向全面、育人过程从部分走向全程、育人空间从点线走向立体。要始终坚持立德与树人相统一，坚定“四个自信”，坚持扎根中国大地办教育，不断提高人才培养的针对性和实效性，教育引导学生成人、成长、成才，切实肩负起培养担当中华民族伟大复兴大任的时代新人的神圣使命。

一是进一步推动拔尖创新人才自主培养体系的格局创新。加强顶层设计和总体部署，完善拔尖创新人才培养的选拔、成长机制，实现育人链条相衔接相贯通。加快构建财经政法深度融通人才培养新格局，以高质量教育体系确保人才培养高质量，夯实国家高质量发展的基础支撑。完整准确全面贯彻新发展理念，统筹国内国际两个大局，构建高水平社会主义市场经济体制，为中国式现代化注入强大动力、提供充分智力支撑；充分发挥国家语言文字推广基地的辐射作用，为铸牢中华民族共同体意识夯基固本，传承弘扬中华优秀传统文化，为提升文化国际影响力贡献中国智慧和中国方案。具体在培养理念上，坚持以学生为中心，以学生获得感为工作的出发点和落脚点，激发学生学习使命感，实现教学相长、学乐相融；在培养环节上，探索健全拔尖学生选拔分流、贯通培养、周期评价等体制机制；在育人主体上，加强科教协同、产教融合，推进不同育人主体的实质性联动，形成强大育人合力，提升“三全育人”实效。

二是进一步推行拔尖创新人才自主培养模式的改革创新。要以前所未有的历史主动精神、历史创造精神，持续深化教育教学综合改革，以教育强国建设为中国式现代化强基赋能；要在人才培养方式、科研创新体制、人才支持政策、开放合作模式等关键环节持续改革攻坚，以全方位改革创新为学校高质量发展提供强大动力和制度保障；要着眼拔尖创新人才培养，打破学科专业壁垒，深化学科交叉融合，健全完善人才自主培养机制，培养能够熟练运用交叉学科知识，具有解决相关领域前沿问题能力的拔尖创新人才。持续“强融通、创特色、补短板”，贯彻落实教育评价改革精神，以稳步提升人才培养质量为宗旨，深入推进人才培养模式改革。锚定“融通”主旋律，优化人才培养方案，强化基础融通，贯彻学生德智体美劳全面发展教育理念，突出财经政法融通型人才培养特色，建设好一批财经政法深度融通的代表性学院、专业、课程、教材、师资和资源平台；紧扣人才培养模式改革，深化“宽口径、厚基础、融通性”改革举措，紧盯国家战略发展全局，优化专业学科布局，推进“财经政法深度融通一流人才培养计划”4.0，持续拓展融通型人才培养的广度和深度；牢牢把握人才培养高质量主脉，以提升学生的专业能力水平和素养为导向，从课程改革小切口实现教学改革强突破，扩大学生学习自主权和选择权，增强学生学习的快乐感和满意度。

三是进一步推进拔尖创新人才自主培养水平的提质增效。提高拔尖创新人才自主培养的能力和水平，既是推进中国式现代化的内在要求，也是我国高等教育发展的必然选择。明确构建世界水平、中国特色文科人才培养体系总体目标。在人才布局上，抓新文科关键领域人才培养，加快涉外法治、国际传播、国际组织等相关人才培养；在实际行动上，全面推出中国政法实务、新闻传播、经济、艺术四大讲堂，推进文科教育与社会实务紧密结合；在实施路径上，以“中国化、融通化、数字化、国际化”为培养目标，聚焦专业、课程、教师、资源、文化等核心要素，实现新文科教育守正创新，培养能够担当中华民族伟大复兴大任的时代新人。